Peter van Straaten

Agnes

Zu diesem Buch

Agnes ist in den Dreißigern, geschieden, alleinerziehend, liebenswert, attraktiv und total chaotisch. Sie lebt mit ihrem kleinen Sohn Daniel und hat ihren mehr oder weniger festen Freund Arthur. Am meisten liebt sie die Unabhängigkeit, und ihre größte Sehnsucht gilt der grenzenlosen Liebe. Zum Kummer nicht nur ihrer gutbürgerlichen Eltern widmet Agnes sich voll Hingabe ihren leichtlebigen und nicht selten in Weißwein getränkten Abenteuern und stolpert mit nie versiegendem Optimismus durch ihr unordentliches Leben. – Agnes ist dank Peter van Straaten nach Königin Beatrix die bekannteste Holländerin geworden. Fanclubs huldigen ihr, und Wettbewerbe für die »Agnes des Jahres» werden veranstaltet. Ihre Geschichten liegen in Holland bereits in sieben Büchern vor

Peter van Straaten, geboren 1935 in Amsterdam. Bekanntgeworden ist er zunächst als Cartoonist für die Tageszeitung »Het Parool« und für die Wochenzeitung »Vrij Nederland«. Die Cartoons des beliebtesten holländischen Zeichners sind inzwischen auch in Deutschland erschienen. Mit »Agnes«, die über Jahre als wöchentliche Kolumne in »Vrij Nederland« erschien, hat van Straaten sich einen Namen als äußerst witziger Schriftsteller gemacht: Auf deutsch liegen außerdem vor: »Agnes – Augen zu und durch« (1996) und »Schwein gehabt, Agnes« (1998).

Peter van Straaten

Agnes

Szenen eines unordentlichen Lebens

Aus dem Niederländischen von
Sibylle Mulot

Piper München Zürich

Die Übersetzung wurde vom Nederlands Literair Produktie- en Vertalingenfonds gefördert.

Von Peter van Straaten liegen in der Serie Piper außerdem vor:
Agnes – Augen zu und durch (2241)
Schwein gehabt, Agnes (2242)

Für Marijke und Mascha

Taschenbuchsonderausgabe
Piper Verlag GmbH, München
Januar 1999

Titel der niederländischen Originalausgabe:
»Agnes, Scènes uit een slordig leven«

Umschlaggestaltung: Büro Hamburg und Zero, München
Foto Umschlagvorderseite: Regi Relang / Verlag Hans Schöner
(aus: 30 Années de mode à Paris)
Foto Umschlagrückseite: Bert Nienhuis
Gesamtherstellung: Clausen & Bosse, Leck
Printed in Germany ISBN 3-492-22760-0

Arthur ist so *sensibel*«, sagte Agnes ins Telefon. Sie nahm den Hörer vom Ohr, rief schnell »Augenblickchen«, bevor sie ihn ablegte, ging durchs Zimmer zu ihrem Schreibtisch, holte sich eine Zigarette, zündete sie an und nahm einen tiefen Zug. Sie blieb kurz stehen, machte kehrt und nahm den Hörer wieder auf.

»Da bin ich wieder«, sagte sie. Am anderen Ende wurde eine lange Geschichte erzählt, die sie verschiedentlich zu unterbrechen versuchte. Endlich gelang es.

»Bea, ich glaube, du siehst das ganz falsch«, sagte sie. »Es hat nichts mit dir zu tun. Du kennst doch Arthur, oder nicht? Er hat das bei *jedem*. Erinnerst du dich noch an die Doktorfeier von Dick? Als Hermann, dieser Depp, die Bemerkung machte? Daß Arthur sofort gehen wollte? Er hat es mir unterwegs erklärt. Nicht daß er anderer Ansicht gewesen wäre als Hermann oder irgendwie beleidigt, nein, er war nur frustriert, weil Hermann *die falschen Wörter* verwendet hat... Ja, woher soll *ich* das wissen? Zu ordinäre Wörter oder gerade zu elitäre Wörter oder einfach blöde Wörter... Du kennst doch Arthur? Erklären tut der nichts... Ach, Unsinn... Arthur hat überhaupt nichts gegen dich, wie kommst du darauf... Er reagiert eben so, weil... ja, warum? Das wissen die Götter... ich kenne ihn doch eigentlich auch erst ganz kurz... und ich frage mich, ob er mir gestatten wird, ihn jemals richtig kennenzulernen... Bea, hör mal... nimm das bitte nicht persönlich... wirklich... vergiß es... na schön, ich versuche, rauszukriegen, was er damit gemeint hat. Ob er überhaupt was gemeint hat... aber grübel um Himmels willen nicht die ganze Zeit darüber nach... Versprich es mir, ja? Okay, ich ruf dich morgen an... Tschüß!«

Als sie das Telefon von der Sofalehne zurück auf den Hocker gestellt hatte, blieb sie eine Zeitlang breitbeinig sitzen und starrte zwischen den Knien hindurch auf den Fußboden.

»Mist... Mist... Mist...« fluchte sie leise.

Sie saß noch so da, als Arthur ins Zimmer kam.

»Hi«, sagte Arthur und setzte sich mit Regenmantel in den Lehnstuhl gegenüber. Er schaute sie schweigend an, mit leerem Blick. Agnes schaute zurück. Eine Minute verstrich. Dann sagte sie: »Arthur... um Himmels willen, was hast du gestern zu Bea gesagt?«

»Bea«, sagte Arthur und nahm ein Fusselchen von seinem Mantel.

»Ja, Bea!« rief Agnes und erschrak vor ihrer eigenen Heftigkeit.

Nicht aufregen, dachte sie, ich darf mich nicht aufregen.

»Bea«, wiederholte Arthur. Er legte den Kopf in den Nacken und starrte an die Zimmerdecke. Agnes sagte nichts. Sie wartete.

Arthur stand auf, ging zum Fenster und blieb dort ein Weilchen stehen, mit dem Rücken zu ihr.

»Agnes«, fragte er, ohne sich umzudrehen, »wer ist Bea?«

Es war halb vier Uhr nachmittags, als Agnes die schlimmsten Spuren der Party vom Vorabend beseitigt hatte. Ihr Kopfweh war abgeflaut, sie konnte sich wieder eine Zigarette erlauben.

Kaltes Bier wäre auch nicht schlecht, dachte sie. Sie betrachtete den Zettel, den sie beim Aufstehen in der Küche gefunden hatte.

Bin kurz weg. Bis später. Arthur, stand drauf.

Die Tür ging auf und Daniel kam herein.

»Schlurf nicht so, Schatz«, sagte Agnes. »Heb die Füße an.«

Der Junge ging zum Fenster und fing an, mit der Jalousie zu spielen.

Es ist wieder soweit, dachte Agnes.

»Komm mal her«, sagte sie.

Der Junge kam zu ihr und lehnte sich schweigend an sie, den Kopf auf ihrer Schulter.

»Mamas Was bist du immer noch?« flüsterte sie ihm ins Ohr, »Mamas tapferer, kleiner...?«

»Ritter«, murmelte er.

»Ohne Furcht und...?«

»Tadel«, flüsterte der Junge und sog gleichzeitig etwas Spucke ein.

Agnes strich ihm übers Haar und sagte: »So, und jetzt geh schön wieder raus. Spielen.«

Folgsam ging der Junge zur Tür, zögerte und ging nach draußen.

»Tür zu, Schatz«, schrie Agnes.

Sie zündete sich eine neue Zigarette an.

»Was tun?« fragte sie sich laut.

Sie nahm das Telefon und wählte eine Nummer.

»Hallo, Mama... Ich bin's. Hast du für heute abend schon was vor?... Ja, ich wollte fragen... kann Daniel bei dir übernachten?... Essen auch? Das wäre fabelhaft... Ich schick ihn gleich zu dir rüber... Morgen komm ich zum Frühstück, dann hol ich ihn ab, ja?... Vielen Dank, Mama... tschüß, bis morgen...«

Sie ging zum Fenster und zog die Jalousie hoch. Etwas weiter unten in der Straße sah sie ein paar Kinder spielen und schaute, ob Daniel dabei war. Sie schob das Fenster hoch und beugte sich hinaus.

Das ist natürlich witzlos, sagte sie sich, ich hab ja die Kontaktlinsen nicht drin.

Als sie ihren Kopf wieder einziehen wollte, sah sie ihn. Er stand genau unter ihr, lehnte am Türpfosten. Die Hände hatte er in den Taschen, sein rechter Fuß beschrieb kleine Kreise auf dem Pflaster.

»Daniel!« rief sie.

Er sah sofort hoch.

»Komm schnell rauf und zieh dich um . . . du darfst bei Oma essen und übernachten.«

Zehn Minuten später war er startbereit.

»Dieses Hemd geht nicht mehr, Schätzchen«, sagte Agnes, »hast du kein sauberes?«

Daniel ging in sein Zimmer und kam wenig später mit einem karierten Oberhemd wieder, das er zusammengeknüllt in der Hand trug.

»Laß mal sehen«, sagte Agnes. »Ja, das ist besser... Morgen muß ich in den Waschsalon . . . zieh das hier an.«

Der Junge zog sich um.

»Also los, es wird Zeit«, sagte Agnes, »und denk dran . . . immer auf dieser Straßenseite bleiben, erst beim Vondelpark rübergehen. Versprochen?«

Der Junge nickte.

»Tschüß, mein Guter. Gib Oma einen Kuß von mir.«

Sie sah ihm durchs Fenster nach. Er ging an den ballspielenden Kindern vorbei. Ein Junge gab dem Ball einen heftigen Tritt, er flog über die Straße und rollte vor Daniels Füße. Er stieg drüber weg und ging eilig weiter.

In der Kneipe war es noch ruhig, als Agnes hereinkam.

Daan, ihr Ex-Mann, stand hinter der Theke.

»Hallo, Daan«, sagte sie, »einen Weißwein, bitte.«

Sie nahm ihr Glas mit zu einem Ecktisch und setzte sich. Daan ging durch die Kneipe, sammelte Gläser ein und leerte Aschenbecher. Als er bei ihr vorbeikam, fragte sie: »War Arthur heute schon da?« Sie hatte unterwegs geübt, es möglichst beiläufig klingen zu lassen.

»Nein... hab ihn nicht gesehen«, sagte Daan und ging zurück zur Theke. Er fing an, die Gläser zu spülen.

»Er kommt sicher noch«, sagte er nach einer Weile.

Nach dem dritten Glas stiegen ihr die Tränen in die Augen. Sie fluchte innerlich.

Mein Leben ist eine Katastrophe in Zeitlupe, dachte Agnes. Anstatt zu weinen, fing sie leise an zu kichern.

Agnes erwachte mit einem Brummschädel. Vorsichtig machte sie ein Auge auf.

Toll! dachte sie. Ich weiß nicht, wo ich bin. Wo bin ich denn um Himmels willen?

Sie lag in einem fremden Bett. Neben ihr lag ein rothaariger Mann und schlief. Wer war das? Sie kniff die Augen wieder zu und versuchte, die aufwallende Panik niederzuhalten, indem sie ganz ruhig nachdachte. Das letzte, was ihr von dieser Nacht einfiel, war das Café Nordholland, wo sie mit einem langen Jüngling in hellblauer Weste Streit bekommen hatte. Sie guckte sich vorsichtig um. Nein, es war nicht dieser Jüngling. Aber wie kam sie an diesen Typen hier?

»Ach, du liebe Zeit«, sagte sie und setzte sich auf.

Der Rothaarige wurde wach und war offenbar kein Mann, sondern ein ziemlich junger Junge.

»Wie alt bist du?« fragte Agnes.

»Zweiundzwanzig, wieso?« sagte er freundlich lachend.

»Jesus!« sagte Agnes, »und wie heißt du?«

»Darf ich mich kurz vorstellen«, sagte der Junge und streckte die Hand aus. »Hans de Ruyter mein Name.«

Sie übersah die Hand und sagte: »Hör mal, ich muß direkt sofort nach Hause. Wo sind meine Kleider?«

Im selben Moment sah sie ihr T-Shirt und ihre Hose als unordentliche Häufchen neben dem Bett liegen, sichtlich in großer Hast vom Leib gerissen.

Gott, wie furchtbar, dachte Agnes, eilig hatte ich es auch noch!

»Wegen mir mußt du nicht weggehen«, sagte der rothaarige Junge und kroch auf sie zu. »Komm, leg dich noch ein bißchen zu mir.«

»Nein!« kreischte Agnes und fing hastig an, ihre Kleider anzuziehen.

»Hej, du...« sagte der Junge, »ich hab keine Krätze oder so.«

»Tut mir leid«, sagte Agnes, »du bist sicher unheimlich lieb, aber ich muß gehen, ich muß weg.«

»Sehen wir uns noch mal?« fragte er, als sie die Klinke in der Hand hatte.

»Nein«, sagte Agnes, »aber das ist nicht deine Schuld.«

Draußen schien die grelle Sonne. Schweres Kopfweh meldete sich an. Agnes wußte nicht, in welchem Teil der Stadt sie war, die Gegend kam ihr völlig unbekannt vor. Auf gut Glück ging sie die Straße hinunter. Nach einiger Zeit dämmerte es ihr, daß sie die ganze Zeit in die falsche Richtung ging und sich immer weiter von zu Hause entfernte. Das Kopfweh war inzwischen so stark, daß ihr sogar das Sehen weh tat. Bei einem Taxistand schaute sie in ihrer Tasche nach, wieviel Geld sie noch hatte. Es war mehr als genug, und sie nahm ein Taxi nach Hause.

Zu Hause griff sie zum Telefon. Die Uhr zeigte ein Viertel vor neun. »Hallo, Mama... ich bin's...« sagte sie, »Mama, hör mal, ich hab heute nacht miserabel geschlafen und da dachte ich, ich probiere es jetzt noch ein paar Stündchen, findest du es schlimm, wenn ich Daniel erst heute nachmittag hole?... Nein, das ist prima, ich komme auf alle Fälle vor drei Uhr zu dir. Also bis dann...«

Sie ging ins Schlafzimmer. Arthur lag quer im Bett und schlief, eine Hand auf ihrem Kissen. Sie betrachtete ihn ein Weilchen.

Ich fühle mich nicht schuldig, dachte sie, nur schmutzig.

Sie fing an, sich vorsichtig auszuziehen, und versuchte dabei, so leise wie möglich zu sein. Als sie aus ihren Jeans stieg, wurde Arthur wach. Er schaute sie verschlafen an.

»Was ist los?« fragte er.

»Nichts«, sagte Agnes.

»Warum stehst du dann jetzt schon auf?« fragte Arthur.

Die Schultür ging auf und die ersten Kinder kamen schreiend nach draußen. Die Mütter standen in einem unordentlichen Kreis am Ausgang. Arthur lehnte ein Stück weiter weg an der Schulmauer und wartete, bis Daniel herauskam. Das dauerte seine Zeit. Kleine Autos fuhren an und ab, manche Mütter kamen mit dem Fahrrad und nahmen ihre Kinder hintendrauf, vereinzelt zeigte sich ein Vater, unter all den Frauen etwas fehl am Platz.

Endlich kam Daniel heraus. Er bog sofort rechts ab und ging an der Mauer entlang in Arthurs Richtung. Er hatte die Hände in den Taschen und starrte die ganze Zeit auf den Boden. Als er dicht herangekommen war, sagte Arthur leise: »Daniel.«

Der Junge sah auf und kam zu ihm.

»Wo ist Mami?« fragte er.

»Mami hat heute nachmittag was zu tun«, sagte Arthur, »wir treffen sie aber gleich und machen dann was Schönes.«

Sie gingen zusammen die Straße hinunter. Zwei von Daniels Klassenkameraden überholten sie.

»He, Schlaffie!« rief der eine. »Ist das dein Vater?«

Daniel gab keine Antwort.

»Wer war das?« fragte Arthur.

Daniel zuckte die Achseln.

»Hilbert«, murmelte er undeutlich.

»Hilbert wer?« fragte Arthur.

Der Junge zuckte wieder mit den Schultern.

»Weiß ich nicht«, sagte er leise.

»Sollen wir durch den Park gehen?« fragte Arthur, »macht dir das Spaß?«

»Ja, gut«, sagte Daniel. Sie gingen in den Park und kamen zu einem großen Teich. Leute lagen rings im Gras verstreut, ein Junge spielte mit seinem Hund. Er warf einen großen Ball ins Wasser, der Hund planschte hinterher und kroch danach triefend wieder heraus, in der Schnauze den Ball, den er dem Jungen vor die Füße legte. Der Junge warf ihn daraufhin wieder ins Wasser, und dies sechsmal hintereinander. Arthur und Daniel standen die ganze Zeit dabei und schauten zu.

Als sie weitergingen, fragte Daniel: »Was muß Mami denn heute nachmittag tun?«

»Ach...«, sagte Arthur, »sie hat einen Job in Aussicht, und dort stellt sie sich jetzt vor.«

Sie näherten sich dem Ausgang des Parks, und der Lärm der anfahrenden Autos wurde wieder stärker.

»Willst du ein Eis?« fragte Arthur.

»Nein«, sagte Daniel.

»Was, du willst kein Eis? Was soll denn das?«

Daniel zuckte die Achseln.

»Na ja... *suit yourself*«, murmelte Arthur.

»Was hast du gesagt?« fragte Daniel.

»Nichts, mein Junge... nichts«, antwortete Arthur.

Schweigend verließen sie den Park. Sie gingen am Gitterzaun entlang. Ein kleines schwarzweißes Kätzchen sprang zwischen den Stäben hervor und kam miauend auf sie zu. Daniel hockte sich hin und lockte das Tierchen zu sich. Als er es streichelte, fing das Kätzchen laut zu schnurren an. Arthur stand daneben und wartete. Daniel nahm das Kätzchen auf den Arm und gab ihm Küßchen zwischen die Ohren.

»Also das würde ich nicht tun«, sagte Arthur, »das kann sehr ungesund sein.«

Der Junge hatte sich auf den Bordstein gesetzt, mit der Katze auf dem Schoß. Arthur wurde ungeduldig.

»Also, was ist? Möchtest du hier den ganzen Nachmittag bleiben?« Daniel ließ das Tier los und stand auf. Als sie weitergingen, lief die Katze hinterher.

»Sie läuft uns nach«, sagte Arthur, »was sagt Agnes dazu, wenn sie auf einmal eine Katze in der Wohnung hat?«

»Agnes will keine Katze.« An der Haustür angekommen sagte Daniel leise zur Katze: »Du darfst nicht mit rein. Geh nach Hause. Los, geh schon...«

»Laß nur«, sagte Arthur, »die geht von selber wieder weg.«

Sie gingen ins Haus und die Treppe hinauf. Als sie oben angekommen waren, lief Daniel zum Fenster und schaute hinunter.

»Sie ist noch da.«

»Laß sie ruhig da sitzen.« Er setzte sich aufs Sofa und nahm ein Buch. Nachdem er eine Zeitlang gelesen hatte, sah er auf. Daniel stand immer noch am Fenster.

»Daniel«, sagte Arthur, »hol sie mal rein.« Der Junge drehte sich überrascht um.

»Wirklich?«

»Wirklich«, sagte Arthur.

Der Junge rannte runter und kam kurz darauf mit dem Kätzchen wieder nach oben.

»Weißt du, was wir machen?« fragte Arthur. »Du suchst jetzt eine Pappschachtel, da setzen wir sie rein und bringen sie in meine Wohnung. Dann kannst du dort immer mit ihr spielen.«

Kurz darauf gingen sie miteinander über die Straße. Arthur hatte die Schachtel mit der Katze unter dem Arm. Gedämpftes Miau erklang.

»Sei ruhig, Miezi«, sagte Daniel. »Wir sind gleich da.«

Als sie um die Ecke bogen, spürte Arthur plötzlich eine kleine Hand in seiner Hand. Er drückte sie und fragte: »Wie wollen wir sie nennen, Daniel?«

Agnes sah, wie ihr Vater langsam, gewissenhaft und umständlich den Wagen vor ihrer Tür parkte. Er stieg aus, blieb neben dem Auto stehen und betrachtete die Lücke zwischen den Häusern auf der anderen Seite. Dann ging er langsam auf ihre Haustür zu.

»Hallo, Liebes«, sagte er und küßte sie ernsthaft auf beide Wangen, als wollte er Kostproben nehmen.

»Setz dich«, sagte Agnes, »magst du Kaffee?«

»Gerne.« Er ließ sich am Eßtisch nieder. Den Stuhl rückte er so, daß er nicht richtig am Tisch saß, sondern mit aufgestütztem Ellbogen ins Zimmer schauen konnte.

»Zieh doch um Himmels willen deinen Mantel aus«, sagte Agnes.

Er stand auf, zog den Regenmantel aus, legte ihn über den Arm und setzte sich wieder hin.

»Ach... gib her«, sagte Agnes. Sie nahm ihm den Mantel ab und hängte ihn über einen anderen Stuhl. Dann holte sie zwei Tassen mit Kaffee und setzte sich zu ihm an den Tisch.

»Du kommst doch zurecht?« fragte er.

»Ja, natürlich komm ich zurecht«, sagte Agnes, »wie meinst du das?«

»Na ja... so halt... hier... mit Daniel und so...« Er machte eine langsame, allumfassende Bewegung Richtung Zimmer.

»Es geht phantastisch. Mir geht es prima, und Daniel auch.«

»Hat er sich denn jetzt ein bißchen an die neue Schule gewöhnt?« Agnes' Vater rührte in seinem Kaffee.

»Na ja, es ist alles anders, das schon«, sagte sie, »aber ich bin froh, daß er jetzt in diese Schule geht. Es ist eine sehr gute Schule, das weißt du doch?«

»Ja, ich hab es gehört.«

»Und da sind auch nettere Kinder«, sagte Agnes, »viel nettere als in seiner alten Schule.«

Ihr Vater nahm seine Tasse in beide Hände und begann mit kleinen Schlückchen zu trinken. Er setzte sie wieder ab und sagte: »Mami und ich machen uns Gedanken über dich.«

»Warum denn, um Himmels willen? Warum solltet ihr euch Gedanken machen?«

Ihr Vater seufzte.

»Ach, so halt... Mami glaubt, daß du hier versauerst. In dieser Gegend. Sie findet es eine scheußliche

Straße. Vorher hast du so hübsch gewohnt. Na ja, ach... laß mal.«

Agnes stand auf, ging in die Küche und brühte noch einmal Kaffee auf. »Ich weiß, Paps. Mami findet, ich hätte bei Daan bleiben sollen«, rief sie ins Zimmer, »aber es ist nun mal so, wie es ist. Vorbei ist vorbei. Lieber Himmel, ist das denn wirklich so schlimm?«

Sie ging mit der Kaffeekanne ins Zimmer zurück und schenkte die Tassen wieder voll.

»Ach nein«, sagte er, »es ist gar nicht so schlimm... aber du kennst ja Mami.«

»Ja, ich weiß, wie sie ist. Und was denkst *du*?«

Er hob die Schultern. »Daß es deine Sache ist. Nur jetzt, jetzt bist du mit diesem... diesem...«

»Arthur«, sagte Agnes, »wobei ich erstens nicht weiß, ob ich mit ihm zusammen bin, und...«

»Genau, das meinen wir ja«, sagte ihr Vater, »es ist uns nicht klar, ob du die Situation überhaupt im Griff hast, und dieser Arthur... ach je...«

»Paps, du kennst ihn doch gar nicht. Du hast ihn überhaupt noch nie gesehen.«

»Ja, das stimmt«, sagte er. Er fuhr mit dem Zeigefinger über das Tischblatt und folgte der Maserung. »Das stimmt«, wiederholte er.

»Ich weiß, daß Mami ihn nicht nett findet«, sagte Agnes, »und vielleicht ist er auch nicht nett. Aber Gott, nett... Daan war nett, das ist wahr. Er war sogar besonders nett. Ich bin davon ganz krank geworden, so nett war er.«

»Ach, Agnes...« sagte ihr Vater.

Sie rührten schweigend in ihren Tassen.

»Brauchst du Geld?« fragte er plötzlich, »ich könnte vielleicht...«

»Nein, Paps«, sagte Agnes und tätschelte ihm die Hand, »ich brauche keins. Wirklich nicht. Ich komm schon zurecht.«

»Wirklich?« fragte ihr Vater leise.

»Wirklich.« Sie stand auf und ging in die Küche.

Wenn er doch ginge, dachte sie, ich muß jetzt weinen. Er soll weggehen. Aber es war schon zu spät. Sie weinte. Und trotz jahrelanger Übung gelang es ihr nicht, lautlos zu weinen.

Er stand schon neben ihr.

»Ach, Kindchen«, sagte er und legte den Arm um sie.

»Nichts ist los«, schrie Agnes. »Gar nichts, verdammt noch mal! Ich weine nur! Einfach so! Darf ich das vielleicht nicht?!«

»Ach, Kindchen«, sagte er. Er hatte sie wieder losgelassen und stand mitten in der Küche, die Arme schlaff herunterhängend.

Er hatte Angst.

Was tut Arthur eigentlich?« fragte Bea. Sie saß mit Agnes am runden Tischchen hinten in der Kneipe. Gerade hatte Daan ihnen ein Glas Weißwein gebracht.

»Arthur studiert«, sagte Agnes. Sie hatte ihr Glas an den Mund gesetzt und starrte drüber weg nach draußen. Beim Reden ließ sie es ein bißchen tiefer sinken, auf Kinnhöhe.

»Philosophie«, setzte sie hinzu.

»Aber wovon lebt er? Hat er ein Stipendium?« fragte Bea.

Agnes schüttelte langsam den Kopf.

»Nein«, sagte sie, »Arthur hat Geld. Glaube ich.«

Bea stellte ihr Glas ab und beugte sich zu Agnes vor.

»*Glaubst* du? Du weißt es nicht mal genau? Lieber Himmel, Agnes...«

»Wir reden nie über Geld«, sagte Agnes.

Bea fing an zu lachen.

»Agnes«, sagte sie, »du bist verrückt. Hier sitzt du und bist arm wie eine Kirchenmaus. Du weißt kaum, wie du jedesmal bis zum Monatsende durchkommen sollst. Arthur ißt bei dir, trinkt bei dir, und ihr redet nicht über Geld. Du bist total meschugge, ist dir das eigentlich klar?«

»Arthur bezahlt auch manchmal«, murmelte Agnes und nahm hastig einen Schluck Weißwein.

»Was sagst du?« fragte Bea.

»Arthur ist kein Nassauer«, sagte Agnes. »Gut. Er ißt öfter bei uns. Was empfiehlst du mir? Soll ich ihm nach dem Essen eine Rechnung stellen? Daniel und ich müssen schließlich auch was essen, du liebes bißchen, da wird doch noch ein Dritter satt, oder nicht?«

Bea schüttelte heftig den Kopf, nahm einen großen Schluck und sagte: »Darum geht es doch gar nicht, Agnes. Lädt Arthur dich jemals ein? In die Stadt?«

Agnes schwieg.

»Also?« fragte Bea.

»Wir waren doch neulich alle bei Du Four essen?« murmelte Agnes.

»Ha!« rief Bea. »Und wer hat schließlich bezahlt, für Arthur und dich? Ich saß ja dabei! Bezahlt hast du!«

»Arthur hatte kein Geld dabei«, sagte Agnes und rutschte auf ihrem Stuhl hin und her. »Das gibt er mir demnächst wieder.«

Bea lehnte sich in ihrem Stuhl zurück und betrachtete Agnes kopfschüttelnd.

In diesem Moment trat Arthur in die Kneipe. Er redete zuerst ein bißchen mit ein paar Leuten an der Theke. Dann bestellte er sich ein Hefeweizen und kam damit an den Tisch von Agnes und Bea.

»Hallo«, sagte er und setzte sich.

»Wir haben grade von dir gesprochen«, sagte Bea.

»So?« sagte Arthur.

»Weißt du, daß Agnes wahnsinnig arm ist? Weißt du, daß sie kaum genug für sich selbst hat? Willst du das nicht mal ändern? Geld hast du ja genug, hab ich gehört.«

Bea hielt ihr Glas mit beiden Händen umklammert.

»Ja klar«, sagte Arthur, »ich stinke vor Geld!«

Er schaute Bea spöttisch an und fing an zu lachen.

Bea guckte wütend zurück. »Weißt du, was ich glaube? Ich glaube, du bist einfach ein mieser Typ.«

Arthur lachte noch viel lauter. Danach war es still. Bea und Arthur schauten sich lange an. Dann griff Arthur in die Innentasche seiner Jacke, holte sein Portemonnaie heraus und entnahm ihm einen Fünfundzwanzig-Guldenschein. Er legte ihn neben Beas Glas.

»Sei so lieb und gib ihn Agnes, liebe Bea«, sagte Arthur.

»Bitte, Arthur«, sagte Agnes. »Bitte nicht.«

Am späten Sonntagnachmittag hörte sie ihre Schritte auf der Treppe. Daan kam als erster herein, Daniel folgte. Der Junge zog seine Windjacke aus und warf sie auf einen Stuhl.

»Häng sie an den Haken, Daniel«, sagte Agnes.

Der Junge gehorchte und verschwand in seinem Zimmer.

»Wie war's?« fragte Agnes, »leg doch ab.«

»Mächtig Spaß gehabt«, sagte Daan, während er seine Jacke aufknöpfte.

»Was, Daniel?« rief er in Richtung Nebenzimmer. Keine Antwort.

»Setz dich doch«, sagte Agnes. »Oder mußt du gleich wieder weiter?«

»Nein, nein«, sagte Daan und setzte sich an den Tisch.

»Möchtest du ein Glas Wein?« fragte Agnes.

»Ja, gerne«, sagte Daan und schaute sich im Zimmer um.

In der Küche füllte Agnes zwei Gläser mit Weißwein und setzte sich Daan gegenüber an den Tisch.

»Was ist das für einer?« fragte Daan, »ist das noch immer dieser Muscadet, den wir ...«

»Ja, Daan«, sagte Agnes.

»Er trinkt sich noch immer sehr gut.« Daan nahm zwei sparsame Schlückchen.

»Wie geht es?« fragte Agnes.

»Das Weib oben ist weggezogen«, sagte Daan. »Dort wohnen jetzt ganz ruhige Leute. Nie mehr Krach. Wirklich phantastisch, Agnes. Ach ja, und ich hab einen neuen Kühlschrank. Hat Willem mir besorgt. Und Kees hat die Lampe im Bad repariert. Und außerdem ist es mir gelungen, eine Waschmaschine aufzutreiben. Du mußt wirklich mal kommen, es ist jetzt sehr gemütlich geworden.«

»Was ist denn so gemütlich an einer Waschmaschine?«

»Ach, das meine ich nicht. Aber die Pflanzen sind unheimlich gewachsen. Mußt du dir unbedingt mal anschauen. Und überhaupt... das ganze Viertel wird immer besser. Es wohnen viel nettere Leute dort.«

Agnes sagte nichts. Daan trank noch einen kleinen Schluck.

»Du würdest staunen, Agnes. Man wohnt jetzt wirklich sehr schön da. Du würdest ...«

Er sah Agnes an.

Herrgott, dachte Agnes, diese stumpfsinnige Hoffnung in seinen Augen.

»Daraus wird nichts, Daan«, sagte Agnes, »schlag es dir aus dem Kopf. Innerhalb von vierundzwanzig Stunden würden wir schreiend auf die Straße rennen. Daan, ich bin nicht die Richtige für dich.«

»Ich möchte dich nicht verlieren«, murmelte Daan und beugte sich tief über das Glas, als ob er auf dem Grund etwas Besonderes entdeckt hätte.

»Herrgott, Daan... du *bist* mich schon los. Wann wirst du das endlich mal einsehen?«

»Wir sind doch noch nicht geschieden?«

Sein Gemurmel war praktisch unverständlich.

»Daan... lieber Schatz...« Agnes beugte sich zu ihm über den Tisch, »du weißt doch, daß ich dich unglücklich mache. Es hat wirklich keinen Sinn. Such dir endlich ein nettes Mädchen. Ein liebes Mädchen. Nicht so ein Biest wie ich.«

»Du bist gar kein Biest.«

Er schaute starr vor sich hin.

»Für dich bin ich eins, Daan, ein Riesenbiest.«

»Hör mal...« sagte Agnes nach einer Weile, »du lebst doch hoffentlich nicht wie ein Mönch... du sitzt doch nicht etwa die ganze Zeit in der Wohnung und wartest auf mich? Oder doch? Hoffentlich nicht!«

»Du meinst, ob ich ab und zu mal vögele?« sagte Daan. Er fuhr mit dem Finger auf dem Glasrand herum, aber es kam kein Ton.

»Jaja... manchmal vögele ich... zum Beispiel gestern.« Er lächelte schmerzlich.

»Jemand, den ich kenne?« fragte Agnes.

Langsam nickte Daan.

»Nora«, flüsterte er.

»Nora? Nora Bouwman? Jesus, Daan... wie konnte das passieren?« rief Agnes. »Ach, mein Gott... mein Gott, das ist ja schrecklich für dich.«

»Ich war ein bißchen betrunken«, sagte Daan.

Er zuckte mit den Achseln.

»Oh, mein Gott«, sagte Agnes noch einmal.

Sie stand auf und ging um den Tisch herum. Sie nahm seinen Kopf in die Arme und drückte ihn an sich.

»Oh, mein Gott... lieber Daan... du verdienst doch was viel Besseres?«

Sie gab ihm einen Kuß aufs Haar und ließ ihn wieder los. Dann rückte sie einen Stuhl neben seinen und nahm seine Hände in ihre.

»Nora Bouwman...« sagte sie, »bitte, tu das nie wieder, lieber, lieber Daan, hörst du?«

Er stieß ein kurzes Lachen aus.

»Ich hatte es ja auch nicht vor«, sagte er.

Er schaute zu ihr hoch. Dann ließ er ihre Hände los, stand auf und fing plötzlich an, sie wütend auf den Mund zu küssen. Agnes drehte den Kopf weg.

»Nicht doch, Daan, laß das bitte. Dadurch wird alles noch viel schwieriger.«

Eine Viertelstunde später sah sie, wie er die Straße überquerte. Auf der anderen Seite drehte er sich um, schaute zu ihrem Fenster hoch und hob die Hand. Er versuchte ein Lächeln. Agnes sah es. Es tat weh.

An diesem Nachmittag war es anders. Arthur war nicht direkt danach aufgesprungen und fortgegangen. Er war im Bett liegengeblieben und hatte sie sogar noch ein Weilchen festgehalten.

»Soll ich mal einen Tee kochen?« fragte Agnes vorsichtig.

»Hervorragende Idee«, sagte Arthur, »koch du uns mal einen guten Tee.«

Sie stieg aus dem Bett und ging in die Küche.

»Weißt du, daß du richtig fröhliche Hinterbacken hast?« rief Arthur ihr nach.

»Danke schön«, sagte Agnes und schaute um die Küchentür herum.

»Eine hat mir sogar zugelacht, ich glaube, es war die linke«, sagte Arthur.

Sie stellte den Kessel auf die Flamme. Sie hatte Lust zu singen, aber das wagte sie doch nicht. Don't push your luck, um mit Bea zu reden.

»Was möchtest du?« fragte Agnes, »ich habe Mangotee, Orangentee, Erdbeertee und normalen Tee.«

»Um Gottes willen«, sagte Arthur, »Tee soll nach Tee schmecken. Nicht nach Orange. Man hat die Wahl: Entweder man ißt eine Orange, oder man trinkt Tee.«

Agnes tat zwei Löffel Earl Grey in die Kanne, goß das Wasser drüber und stellte Kanne, Zucker und zwei Schalen auf ein Tablett.

»Stimmt's oder habe ich recht?« rief Arthur aus dem Bett.

»Du hast recht«, rief sie zurück.

Sie stellte das Tablett neben das Bett, schenkte den Tee in die Schalen und kroch damit zu Arthur.

»Hier«, sagte sie und setzte ihm eine auf die Brust.

Arthur nahm laut schlürfend einen Schluck.

»Hervorragender Tee«, sagte er.

Sie tranken jeder drei Schalen hintereinander.

»Eigentlich hätte ich Kekse dazu servieren müssen«, sagte Agnes.

»Nächstes Mal«, sagte Arthur, »nächstes Mal bringe ich Kekse und Kuchen und teure Bonbons mit.«

Er verschränkte die Hände im Nacken und lehnte sich an das hölzerne Kopfende.

»Und Blumen«, sagte er. »Hab ich dir jemals Blumen geschenkt?«

»Noch nie«, sagte Agnes.

»Bring ich dir mit. Richtig spießige Blumen. Versprochen.«

»Du bist doch noch ein bißchen braun«, sagte Agnes, »man kann das Weiß von der Badehose noch sehen.«

Sie beugte sich vor und betrachtete aufmerksam sein rechtes Knie.

»Eine Narbe«, sagte sie, »erzählt sie uns möglicherweise eine interessante Geschichte?«

»Aber ja!« sagte Arthur. »Möchtest du sie hören?«

»Gerne!« Agnes streckte sich neben ihm aus, die Füße Richtung Kopfende und den Kopf auf seinem Schenkel.

»Es war im bewegten Sechsundsechzigerjahr«, begann Arthur.

Dann verband er auf wundersame Weise die Tumulte rund um das Lieverdje und die Erstürmung des *Telegraaf*-Gebäudes mit der Tatsache, daß er, Arthur, zur fraglichen Zeit einmal ganz gemein in der Zar-Peter-Straße aufs Knie gefallen war. Agnes lauschte dem Klang seiner Stimme mit geschlossenen Augen. Lieber Gott, dachte sie, mach, daß es eine lange Geschichte wird. Daß es eine endlose Geschichte wird.

Plötzlich schoß sie steil in die Höhe.

»Arthur, wie spät ist es?«

»Zwölf Minuten nach vier.«

»Jesus! Daniel wartet an der Schule auf mich. Er muß zur Nachhilfestunde. Yvonne bringt ihn sonst immer hin, aber heute kann sie nicht. Jesus!«

Sie sprang aus dem Bett und zog sich hastig an.

»Bin gleich wieder da«, sagte sie an der Tür. »Bist du dann noch hier?«

Sie wartete die Antwort nicht ab.

Als sie eine Stunde später zurückkam, war Arthur nicht mehr da. Er hatte das Bett gemacht und das Tablett mit der Teekanne und den Schalen in die Küche gestellt. Auf dem Tisch lag ein Zettel. *Sei geküßt. Ich ruf dich an. A.*, stand darauf. Sie ging zum Sofa, nahm das Telefon und wählte eine Nummer.

»Hi, Bea«, sagte sie. »Laß uns um Himmels willen irgendwas Lustiges tun.«

Er hieß Jos. Er hatte einen Schnurrbart und dunkelblondes strähniges Haar. Agnes hatte ihn wohl »lieb« gefunden, als sie in der Kneipe mehr oder weniger gegen ihn getaumelt war. Sie war mit Bea im Kino gewesen. Danach waren sie beide mit dem festen Vorsatz in die Kneipe marschiert, es diesmal mit dem Trinken ganz ruhig anzugehen. Tatsächlich hatten sie dort ganz ruhig ein Glas Wein nach dem anderen gekippt.

Arthur hatte sie schon zehn Tage nicht mehr gesehen. Aber mit Bea konnte man darüber nicht reden, denn Bea hatte eine Allergie gegen Arthur entwickelt, beziehungsweise gegen aussichtslose ermüdende Gespräche über Arthur.

Irgendwas muß ich tun, hatte sich Agnes bei jedem neuen Glas Wein vorgehalten, das sie zum Munde führte. Als sie sah, wie Daan traurig hinter dem Tresen nach ihr schmachtete, tauschte sie nach einem Klobesuch den Platz mit Bea, so daß sie ihm den Rücken zuwandte.

Beim sechsten oder siebten Glas bekam Bea den gefährlichen Blick, den Agnes nur allzu gut kannte. Sie wartete den Strom haßerfüllter Bemerkungen, Vorwürfe und Feindseligkeiten lieber nicht ab und manövrierte sich aus Beas Nähe. So war sie beinahe buchstäblich gegen diesen Jos geprallt. Inzwischen hatte ihr der Wein Trost und Beruhigung geschenkt, weshalb sie sich bei der Begegnung mit Schnurrbart-Jos von Anfang an dem Lauf der Dinge ziemlich willenlos überlassen hatte. Was wiederum bedeutete, daß sie nach der Sperrstunde verabredeten, Jos solle sie nach Hause bringen und dort als Lohn für seine Mühe einen Kaffee bekommen.

Bei ihr zu Hause waren aber zu ihrer Erleichterung die Filtertüten offenbar alle, also durfte sie einfach weiter Wein einschenken und trinken, denn soviel spürte sie: Was sich unaufhaltsam gleich ereignen würde, konnte sie ohne Betäubung nicht überstehen.

Jos hatte in der Kneipe von Anfang an auf automatische Verliebtheit geschaltet und überhäufte sie mit einer Flut von gemurmelten Komplimenten.

Agnes fand ihn auf einmal so groß in ihrem Zimmer. Ein Riese, der im Weg saß. Aber Jos fand, der Augenblick für Taten sei nunmehr gekommen. Er nahm ihr das Glas aus der Hand und schloß sie vorsichtig, wiewohl zielstrebig in die Arme. Er küßte sie gemächlich und doch gierig, als ob er eine Melone äße. Agnes fand es nicht richtig schlimm, auch wenn sie ab und zu keine Luft bekam. Als er mit ungeschickten dicken Fingern anfing, die Knöpfe an ihrer Bluse aufzumachen, stand Agnes auf.

»Komm«, sagte sie und ging ihm zu ihrem Bett voraus. Dort zog sie sich schnell und sachlich aus und legte sich hin. Wie beim Zahnarzt, stellte sie fest. Jos zögerte kurz, streifte sich dann in fliegender Eile die Kleider vom Leib, betrieb anstandshalber ein hastiges Vorspiel, hievte sich auf sie und fing an zu pumpen.

»Sollen wir den nächsten Tanz auslassen?« Dieser Satz spukte ihr unablässig durch den Kopf, solange er tätig war.

Als es dämmrig wurde, weckte sie ihn. »Du mußt jetzt gehen«, sagte sie, »findest du das schlimm?«

Das Sprechen machte ihr Mühe. Er wurde widerwillig wach und richtete sich langsam auf. Sein Schnurrbart hing traurig herunter.

»Okay«, sagte er heiser.

Er zog sich an und stand unschlüssig vor ihr. Agnes befürchtete, er wolle sie zum Abschied küssen, und beugte dem vor, indem sie ihm eine Kußhand zuwarf. Er zog ab.

Agnes stand auf und ließ im Bad ihre Sitzbadewanne vollaufen. Sie tat reichlich Schaum dazu. Dann setzte sie sich verkehrt herum in die Wanne, tief in den Badeschaum, die Füße auf dem Sitz. So saß sie und weichte, bis das Wasser eiskalt war.

Sollen wir heute nachmittag Schlittschuhlaufen, Daniel?«

Arthur lag auf dem Sofa, mit den Füßen auf der Armlehne, und rauchte einen Zigarillo. Daniel stand in der Küchentür und sah zu, wie Agnes ein Omelett machte. Er gab keine Antwort.

»Daniel?«

Der Junge drehte sich unwillig um und trottete ein Stück in Arthurs Richtung.

»Kommst du mit Schlittschuhlaufen?«

Daniel zuckte mit den Schultern.

»Hast du keine Lust?« fragte Arthur.

Daniel senkte den Kopf, schaute nach unten und murmelte etwas.

»Was sagst du, Daniel? Ich verstehe dich nicht.«

Der Junge ließ den Kopf noch mehr hängen und sagte leise: »Ich kann nicht Schlittschuhlaufen.«

»Na, und?« fragte Arthur und setzte sich auf. »Dann lernst du es eben! Hast du Schlittschuhe?«

Daniel nickte.

»Abgemacht«, sagte Arthur und gab dem Jungen einen Klaps auf die Schulter.

»Willst du auch was vom Omelett?« fragte Agnes, als sie mit der Pfanne hereinkam.

»Nein«, sagte Daniel.

»Schmier dir dann selber ein Brot«, sagte Agnes. »Ich tu das nicht auch noch. Warum ißt du nicht einfach normal mit uns?«

»Weil ich kein Omelett mag«, sagte Daniel und ging in die Küche.

»Das mit dem Schlittschuhlaufen wird nichts«, sagte Agnes. »Er kann es nicht und wird es auch nie lernen, wenn du mich fragst. Wir haben nachmittagelang geübt. Daß er ständig hinfällt, wäre noch nicht das Schlimmste, aber er kann auf den Schlittschuhen überhaupt nicht *stehen*, er knickt ständig ein, du lieber Himmel, er sah aus wie ein Spastiker, wie er da herumstolperte. Zum Schluß konnte ich es einfach nicht länger mit ansehen. Daniel ist so tolpatschig, bei allem. Der gute Wille ist da, aber er hat zwei linke Hände und Füße, ich weiß nicht warum.«

Die ganze Zeit über hatte sie leise gesprochen, damit Daniel in der Küche sie nicht hörte.

»Unsinn«, sagte Arthur. »Ich bringe es ihm bei.«

Agnes hatte ein paar Runden gedreht, während Arthur mit Daniel in einer Ecke übte. Nach einer Weile setzte sie sich an den Rand. Sie sah Arthur und Daniel auf sich zukommen. Arthur hielt Daniel von hinten fest. Als sie dicht bei ihr waren, ließ er den Jungen los und rief: »Los, fahr mal allein... zeig Agnes, was du kannst!«

Der Junge machte drei ungeschickte Schritte, wobei er die Knie so hoch hob, als müsse er über ein Hindernis steigen, fiel aber nicht hin, sondern glitt breitbeinig ein Stückchen weiter und machte dann noch vier ausgreifende Schritte.

»Schau mal, Mama!« rief er und starrte gebannt vor sich auf das Eis, »es geht schon viel besser!«

»Ich sehe es!« rief Agnes mit erstickter Stimme. Daniel hatte sie zum ersten Mal Mama genannt.

»Du lieber Himmel«, sagte Arthur, als er neben ihr stand, »was gibt's denn da schon wieder zu weinen?«

Agnes und Arthur hatten Daniel beim Scrabble ein bißchen gewinnen lassen. Übermütig geworden verkündete er nun, er werde sie beim nächsten Spiel haushoch besiegen.

»Beim nächsten Spiel?« fragte Agnes. »Eigentlich mußt du ins Bett.«

»Ach, es sind doch Ferien«, sagte Arthur, »und man sitzt nur einmal in einem Ferienhaus auf Vlieland. Also noch ein letztes Spiel, Daniel. Aber Wörter wie *Bä* ohne *h* oder *Oje* werden jetzt nicht mehr anerkannt.«

Sie spielten auf dem runden polierten Tischchen weiter, von dem Agnes die Decke abgenommen hatte, weil Arthur beim Eintritt ins Ferienhaus gesagt hatte: »Diese Decke muß augenblicklich verschwinden, Agnes. Sonst verdirbt sie uns die ganze Woche auf Vlieland.«

»Daniel, magst du noch Tee?« fragte Agnes.

»Ja, gut«, sagte der Junge.

»Ja, gut? Danke, liebe Mama!«

»Danke, Agnes«, murmelte Daniel.

Sie schenkte ihm Tee ein.

»Wollen wir uns schon mal ein Glas Wein genehmigen?« wollte Agnes von Arthur wissen.

»Genehmigen?« fragte Arthur. »Was hast du manchmal für komische Ausdrücke!«

»Agnes spinnt«, sagte Daniel, ohne vom Scrabblebrett aufzusehen.

Das Spiel dauerte ewig, und als Daniel immer öfter tief zu gähnen anfing, machte Agnes der Sache ein Ende und schickte ihn ins Bett.

»Wir stehen morgen früh nicht so spät auf und machen dann einen langen Dünenspaziergang«, sagte Agnes, »ich komme dich gleich zudecken.«

Daniel verschwand im Nebenzimmer.

»Arthur soll auch noch kommen«, verlangte er, als Agnes ihm gute Nacht sagte.

»Er will einen Gutenachtkuß von dir«, rief Agnes ins Wohnzimmer.

»Also gut«, sagte Arthur, »weil Ferien sind.«

»Vollmond«, sagte Arthur und zeigte nach draußen.

»Wir könnten uns mit dem Wein auf die Terrasse setzen«, schlug Agnes vor. »Dann stören wir Daniel nicht, und er kann ruhig einschlafen.«

Es war doch noch ziemlich kalt draußen. Agnes sammelte alle Decken und Plaids ein, die sie im Haus finden konnte. Dick eingemummelt saßen sie nebeneinander in ihren Mänteln auf Plastikstühlen und betrachteten den Mond, der senkrecht über dem Nachbarferienhaus am Himmel stand.

»Hörst du das Meer?« flüsterte Agnes.

»Ja«, sagte Arthur. Er zündete sich eine Zigarette an, streckte die Beine aus und sagte: »Die Ruhe wird uns guttun. Endlich will niemand was von uns. Wohltuende Ruhe. Das braucht der Mensch. Dein Meer darf meinetwegen auch etwas leiser sein. Ruhe. Frieden. Ja.«

Er nahm einen tiefen Zug aus seiner Zigarette.

Zehn Minuten vergingen. Keiner von beiden sprach ein Wort. Dann faßte Agnes Mut.

»Arthur«, flüsterte sie, »liebst du mich ein bißchen?«

»Was für eine selten ungebührliche Frage, Liebste«, sagte Arthur. Agnes hielt den Atem an. Liebste, dachte sie. Er nennt mich Liebste.

Arthur beugte sich zu ihr herüber und küßte sie sanft auf den Mund. Agnes schmeckte Salz. Liebste, dachte sie. Er hat mich Liebste genannt.

Es war einer dieser Wälder, wo alle hundert Meter ein Schild verkündete: *Spazieren auf Wegen und Pfaden erlaubt.* Arthur war mit dem Auto bis zum Waldweg gefahren, trotz Daniels Protest, der dreimal hartnäckig wiederholt hatte: »Hier darf man mit dem Auto nicht hinein.«

»Ich schon«, hatte Arthur gesagt, »ich darf alles. Wußtest du das nicht?«

Er war am Parkplatz vorbeigefahren und hatte sich um das Schild *Durchfahrt verboten* nicht gekümmert. Zweihundert Meter weiter waren drei Pfosten in die Straße gerammt. Sie konnten nicht weiter. Sie stiegen aus. Daniel rannte voraus, Agnes und Arthur schlenderten hinterher.

»Als Kind war ich oft hier«, sagte Arthur, »fast jeden Nachmittag. Der Heimweg durch den Wald war kürzer als über die Straße. Aber ich hatte hier immer so viel zu tun, darum dauerte es eigentlich länger.«

»Was hattest du denn alles zu tun?« fragte Agnes.

»Och, eine Menge. Hauptsächlich angenehm allein sein.«

»Damals schon.«

»Ja, damals schon.« Er zündete eine Zigarette an, inhalierte den Rauch und sagte, während er ihn wieder ausblies, noch einmal: »Ja, damals auch schon.«

»Hast du nie jemanden mitgenommen? Freunde? Oder Freundinnen?«

»Ein paarmal hab ich Walterchen Seegemann mitgenommen, den mochte ich wohl, aber ich fand es doch nicht so gut.«

»Warum nicht?«

»Er redete zuviel, und vor allem zu laut.«

Augenblicklich nahm sich Agnes vor, in Zukunft leise zu sprechen.

»Dieser Wald war mir nämlich ein bißchen heilig«, sagte Arthur.

Daniel wartete an einer Weggabelung auf sie.

»Welche Richtung, Arthur?« fragte er.

»Nach rechts.«

Daniel rannte weiter und verschwand zwischen den Bäumen.

»Noch immer?« fragte Agnes leise.

»Was, noch immer?«

»Ist dir der Wald noch immer heilig?«

Arthur lachte. »Nein«, sagte er, »jetzt nicht mehr.«

»Schade.«

»Das kann man nicht durchhalten«, sagte Arthur.

Agnes verstand nicht, was er damit meinte, aber sie traute sich nicht, nachzufragen.

»Ich meine ...« sagte Arthur, »dann hätte ich auch in diesem Wald bleiben müssen. Für immer. Dann hätte ich auch ewig Kind bleiben müssen. Das ist ziemlich schwierig, wie du weißt.«

Er lächelte. »Obwohl ich mir große Mühe gebe.«

Agnes fühlte sich ertappt. Genau das hatte sie gedacht. Was sie immer so fasziniert und andrerseits erschöpft hatte, waren Arthurs kindliche Unberechenbarkeit und sein Eigensinn.

Ab und zu sahen sie Daniel herumrennen, und wenn

sie ihn nicht sahen, hörten sie am Knacken der Zweige, wo er war. Sie erklommen einen Hügel. Oben drauf standen fünf große Buchen im Kreis.

»Komm mit«, sagte Arthur und nahm Agnes bei der Hand. Er kletterte den Hügel auf der anderen Seite wieder ein Stückchen hinunter und ging durch dichtes Eichenunterholz voran.

»Vorsicht«, sagte er, »gib acht auf dein Gesicht, die Zweige peitschen.«

Schließlich standen sie auf einer Lichtung, mit einer hohen Fichte in der Mitte.

»Hier war das Allerheiligste vom ganzen Wald«, sagte Arthur und setzte sich auf den Boden.

»Hier war mein Tempel.«

Agnes setzte sich neben ihn. Arthur sah sich um.

»Komisch«, sagte er, »nichts mehr davon übrig. Der Zauber ist weg. Es ist hier ganz gewöhnlich.«

»Wie traurig, Arthur«, flüsterte Agnes. Sie kniete sich neben ihn und drückte seinen Kopf an sich.

»Stell dir vor, du wärst wieder ein Junge«, sagte sie, während sie die Nase in sein Haar grub, »los, Arthur... der Zauber muß zurückkommen.«

Im Wald rauschte es. Plötzlich hörten sie ein lautes Knacken, einen Plumps und Daniels Schrei.

»Daniel!« rief Agnes, »was machst du? Wo bist du?«

Sie hörten Daniel weinen. Agnes bahnte sich einen Weg durch das Unterholz und rannte hügelaufwärts. Er lag am Boden und weinte jetzt lautlos, mit schmerzverzerrtem Gesicht.

»Um Himmels willen, Daniel, was ist passiert?«

Agnes kniete sich neben ihn.

»Mein Arm«, rief Daniel, »ich bin auf meinen Arm gefallen. Ich bin hier auf diesen Baum geklettert, aber der Ast ist abgebrochen.«

Arthur war inzwischen auch gekommen und hockte sich neben den Jungen.

»Wo tut es weh, Daniel?«

»Mein Arm«, stöhnte der Junge, »mein Arm tut so weh.«

»Und der Nacken?« fragte Arthur.

»Er keucht so«, sagte Agnes.

»Daniel«, rief Arthur, »tut dir die Brust weh? Tut es in der Brust weh?«

»Mein Arm«, weinte Daniel, »mein Arm.«

Daniel lag kreidebleich im Bett. Sein frisch eingegipster Arm lag im Dreieckstuch vor ihm auf der Decke.

»Du bist aber auch ein Pechvogel«, sagte Agnes, »warum mußtest du unbedingt auf einen Baum klettern?«

Daniel lachte verlegen. Arthur kam mit einem Tablett herein.

»Tee«, sagte er, »ein schönes Täßchen Tee für den Kranken. Mit deinen Lieblingskeksen.«

Er stellte das Tablett aufs Bett und verteilte die vollgeschenkten Schalen. Dann zog er einen Stuhl ans Bett und setzte sich neben das Kopfende.

»Waldläufer«, sagte er und streichelte Daniel übers Haar.

Ach Gott, dachte Agnes, laß es immer, immer so bleiben.

Was Agnes am meisten wunderte, war, daß sie das Auto überhaupt nicht hatte kommen hören. Gerade, als ob jemand den Ton erst angeschaltet hätte, als sie von der Stoßstange erfaßt wurde. Von diesem Augenblick an war es ein lautes Durcheinander gewesen. Der Stoß, die quietschenden Reifen, der dumpfe Schlag, mit dem ihr Kopf auf dem Asphalt landete. Bevor sie das Bewußtsein verlor, schoß ihr noch durchs Hirn: Jetzt geht etwas schrecklich schief.

»Gerade noch mal Glück gehabt«, sagte der Arzt. Sie hatte eine schwere Gehirnerschütterung, das linke Handgelenk war gebrochen und ihr rechtes Knie abgeschürft, was merkwürdigerweise am meisten weh tat.

Als man sie ins Krankenhaus einlieferte, war sie ganz kurz zu sich gekommen und hatte dem Gesicht, das ihr am nächsten schien, die Telefonnummer ihrer Mutter zugeschrien.

Ihre Mutter erschien quasi sofort, um dann an ihrem Bett abwechselnd zu jammern und ihr Mut einzuflößen.

»Mach dir mal keine Sorgen«, sagte sie im einen Augenblick, und im nächsten: »Oh, Gott, wie furchtbar!«

Abends kam sie mit Daniel.

»Keine Angst«, sagte Agnes zu ihm. Er blieb in einiger Entfernung stehen, als ob er Angst vor Ansteckung hätte. Als er wieder ging, hatte er sie wie eine lästige Fremde geküßt.

Am nächsten Abend kam ihr Vater mit Daniel. Als sie sein bestürztes Gesicht sah, fing sie prompt an zu weinen, aus Mitleid mit ihm und mit sich. Aber er seufzte nur ab und zu »Ach, Kindchen« und drückte ihren Kopf vorsichtig an seine Brust, so daß sie sein Hemd naßweinen konnte. Das tat ihr gut.

Gegen Ende der Besuchszeit nahm sie Daniel beiseite.

»Willst du Mami einen Gefallen tun?«

Er nickte. »Geh dann morgen kurz bei Arthur vorbei und ...«

»Arthur ist nicht da«, sagte Daniel.

»Woher weißt du das?« fragte Agnes. »Warst du schon bei ihm?«

Er nickte. »Er ist verreist, sagte die Frau.«

»Welche Frau?« fragte Agnes.

»Da war eine Frau«, sagte Daniel. »Als ich klingelte, machte eine Frau auf.«

»Und was sagte sie? Was hast du gesagt? Was wolltest du dort?«

»Ich wollte nach dem Kätzchen sehen, und da sagte die Frau, daß Arthur verreist wäre.«

»Wohin denn? Wie lange bleibt er?«

Er zuckte mit den Schultern.

»Hast du das nicht gefragt?«

Daniel schüttelte den Kopf.

»Was für eine Frau war das?«

»Weiß ich nicht.«

»Alt? Jung? Ungefähr wie ich?«

Daniel nickte. Agnes legte sich wieder hin und dachte nach.

Am nächsten Tag brachte Daniel Füller, Papier und einen Umschlag mit, worum Agnes ihn gebeten hatte. Als ihre Mutter gerade dabei war, einen Strauß Nelken in der Vase zu arrangieren, schrieb sie schnell auf das Papier: *Arthur. Ich liege im Slotervaarter Krankenhaus. Kommst du mich besuchen? Agnes.*

Daniel versprach, den Brief am nächsten Morgen auf dem Schulweg in Arthurs Briefkasten zu stecken.

Aber Arthur kam nicht.

Bea kam sechsmal und Daan dreimal.

Aber Arthur kam nicht.

Weißt du, wie du Mama helfen kannst?« fragte Agnes. »Indem du in der Schule dein Allerbestes tust.« Der Satz war heraus, bevor sie es merkte. Daniel saß neben ihr auf dem Sofa und starrte auf seine Füße. Sie strich ihm mit einem Finger über den Nacken.

»Hast du schon ein paar Freunde in der Schule?«

Daniel zuckte mit den Schultern.

»Ist niemand dabei, den du nett findest?« Es blieb eine Weile still.

»Bastian«, murmelte er schließlich.

»Bastian? Den findest du nett?«

Daniel nickte.

»Und findet er dich auch nett?«

Agnes versuchte, so beiläufig wie möglich zu klingen. Wieder zuckte er mit den Achseln. Er knüpft nicht leicht Kontakte, hatte sein Lehrer gesagt. Agnes dachte: Das kann man laut sagen. Es war immer ein einsames Vergnügen, wenn er draußen vor dem Haus auf der Straße spielte. Die anderen Kinder hatten ihn vom Augenblick ihres Einzugs an wie einen Aussätzigen gemieden. Und Daniel hatte auch durch nichts erkennen lassen, daß er gerne mitgespielt hätte. Lieber als mit Menschen ging er mit allerlei harmlosen Gegenständen um, mit einem Stock, ein paar Kieselsteinen, einer leeren Bierdose. Damit spielte er seine geheimnisvollen Spielchen.

»Komm«, sagte Agnes, »ich bring dich zur Schule. Nachher gehst du sofort zu Oma, sie macht sich sonst Sorgen.«

Der Junge nickte. Sie gingen am Gitter des Parks entlang, als Daniel sagte: »Arthur hat unser Kätzchen weggegeben.«

Der Schuft, dachte Agnes.

»Warum hat er das getan? Es war doch eigentlich deine Katze? Woher weißt du das übrigens? Wann bist du denn das letzte Mal bei Arthur gewesen?«

Ich muß mich bremsen, dachte sie, nicht zu viel wissen wollen, nicht so auffällig.

»Gestern«, sagte Daniel.

»Und Arthur war zu Hause?«

»Ja«, sagte Daniel.

»Und was hat er gesagt? Was machte er?«

Oh, mein Gott, dachte Agnes, ich horche mein eigenes Kind aus, über meinen abtrünnigen Verlobten.

»Er sagte, es könnte so nicht weitergehen, er sei zu wenig zu Hause, für die Katze sei das zu einsam, und daß er sie ins Tierheim gebracht hätte. Er sagte, wir könnten später vielleicht ein neues Kätzchen haben.«

Agnes' Herz machte einen Satz. »Das hat er gesagt? Warum später wohl und jetzt nicht?«

»Weiß ich nicht«, sagte Daniel, »er sagte, vielleicht können wir später zusammen wieder ein neues Kätzchen haben.« Mehr kam aus Daniel nicht heraus.

War er allein, hätte Agnes gern gefragt, aber sie traute sich nicht.

Sie standen vor der Schule.

»Tschüß, mein Schatz«, sagte Agnes. »Immer schön dein Bestes tun.«

Sie sah zu, wie er zwischen den anderen Kindern hineinging, mit gesenktem Blick, ohne nach links oder rechts zu schauen. Kopf hoch, Sammy, dachte Agnes, alles wird gut, Sammy.

Der Rest des Nachmittags lag vor ihr wie Brachland.

Ich sollte nach Hause gehen und ein gutes Buch lesen, dachte Agnes. Sie tat es aber nicht.

Im Gegenteil.

Sperrstunde. Agnes hatte das Glas noch voll und sagte zu Daan, sie würde es, verdammt noch mal, gern in Ruhe austrinken. Aber als er anfing, die Stühle auf den Tisch zu stellen, trank sie aus und ging hinaus. Sie gesellte sich zu einem Grüppchen, das darüber beratschlagte, welche Kneipe man jetzt noch aufsuchen sollte.

»He, Leute«, sagte Henk, ein großer magerer Mann mit einer glatten Locke über der Stirn, »wir gehen ins *Pardoel*.«

»Nein«, sagte Viktor, »das Pardoel ist zu schlimm. Das tun wir uns nicht an.«

Er wandte sich an Agnes. »Was meinst du, Agnes?« Viktor war der einzige, den sie in dieser Gruppe kannte.

»Vielleicht ist das *Jagdhorn* noch auf«, sagte sie. Sie fror, sie wollte liebend gern ins Bett, aber nach Hause war es so weit, und die Vorstellung von diesem langen Fußmarsch schreckte sie. Wenn sie alle zusammen ins Jagdhorn gingen, war sie immerhin schon auf halbem Weg. Ein Punkmädchen mischte sich ins Gespräch.

»Ich weiß 'ne putzige Kneipe in der Nähe von Abcoude«, sagte sie, »die macht immer unheimlich früh auf, für die Angler oder so. Ist das was?«

»Nein«, sagte Viktor, »das ist nichts. Wie willst du übrigens dort hinkommen?«

»Hiero, Dieter hat ein Auto«, sagte sie und deutete auf einen gutgekleideten Mann, der etwas abseits versuchte, sich einen Zigarillo anzustecken.

»Vergiß es«, sagte der und kam näher. »Dieter hiero hat zwar ein Auto, aber Dieter hiero hat keine Lust, bis nach Abcoude zu fahren.«

Agnes bekam langsam müde Beine vom Stehen. Noch ein paar Glas Wein im Jagdhorn, und sie würde freiwillig ins Bett sinken.

»Wißt ihr was«, sagte Dieter-mit-dem-Auto. »Ich fahre nach Hause, aber ich kann euch alle irgendwo absetzen.«

Im Auto saß der Mann mit der Stirnlocke neben Agnes.

»Du bist doch Agnes, oder? Warst du nicht mit Arthur Goudriaan zusammen?«

»Das ist lange her«, sagte Agnes, so würdevoll sie konnte.

»Setz mich zuerst ab«, sagte Viktor, der vorne saß, »und dann Agnes, und dann... wo mußt du hin?« Er hatte sich zu Henk umgedreht.

»Eigentlich nirgendwohin«, sagte Henk. »Irgendwann nach Hause, ja, aber das eilt nicht.«

Agnes dachte plötzlich daran, daß sie für das Abendessen mit Bea und Yvonne, das im letzten Augenblick geplatzt war, den ganzen Kühlschrank noch voller Alkohol hatte.

»Wollt ihr bei mir was trinken?« sagte sie.

»Wo ist das?« fragte Dieter.

»Echt cool, ej«, sagte das Punkmädchen.

»Ich sage dir, wie du fahren mußt«, sagte Agnes. Nach Hause und doch nicht richtig nach Hause, dachte sie.

»Kannst du mich nicht zuerst absetzen?« fragte Viktor.

»Zu spät. Mitgefangen, mitgehangen«, sagte Dieter und gab Gas.

Henk hatte den Arm um Agnes gelegt. »Was bedeutet dies?« fragte Agnes.

»Fast nichts«, sagte er.

Schicksal, nimm dann deinen Lauf, dachte Agnes.

»Bitte entschuldigt die Unordnung«, sagte Viktor beim Eintreten. »Ich sag es schon mal für dich, dann brauchst du es selbst nicht zu sagen.« Er setzte sich als erster. »Lieber Himmel, Agnes, hast du die scheußliche Radierung immer noch nicht weggeschmissen?«

»Nein«, sagte Agnes, »und ich werde sie auch nicht wegwerfen.«

»Wie du willst«, sagte Viktor, »aber dann ziehe ich meine Hand von dir ab.«

Henk begann das Zimmer zu besichtigen, als wäre es ein Museum. Dieter fragte Agnes, wo das Klo wäre. Das Punkmädchen hatte die Halbstiefelchen von sich geschleudert und lag langausgestreckt auf dem Sofa.

»Es gibt Weißwein, Rotwein und Bier«, sagte Agnes.

»Bier ist gut«, sagte Viktor. Das Punkmädchen wollte gerne Weißwein. Dieter wollte einen Schnaps.

»Schnaps hab ich nicht«, sagte Agnes, »aber noch ein Restchen Whisky.«

Das ließ sich hören, fand Dieter.

»Leider hab ich keine Eiswürfel«, sagte Agnes, »ich hab fast nie Eiswürfel. Weil ich immer vergesse, die Schale zu füllen.«

Sie zählte an den Fingern ab: ein Wein, zwei Bier, ein Whisky.

»Ich bin nämlich ein bißchen betrunken«, sagte sie und schwankte kurz, wie um dies zu demonstrieren. Sie kicherte.

»Wer nicht?« fragte Viktor. In der Küche kam Henk zu ihr.

»Kann ich dir helfen?« fragte er leise. Er legte viel Intimität in die Stimme. Agnes fand ihn im Küchenlicht eher enttäuschend. Er sieht ja aus wie ein Lama, stellte sie fest. Ein Lama mit Brille.

»Du kannst diesen Wein da aufmachen«, sagte sie. »Hier ist der Korkenzieher.«

Mit großer Sorgfalt begann er, die Bleimanschette abzumachen. Danach zog er mit langsamen, trägen Bewegungen den Korken aus der Flasche. Die ganze Zeit spielte ein vages Lächeln um seinen Mund.

Als sie wieder ins Wohnzimmer kamen, waren Viktor und Dieter in eine Diskussion über die Bedeutung des Sozialismus für die Kunst vertieft. Henk mischte sich ab und zu in die Debatte, starrte dabei aber immer auf Agnes.

»Was guckst du mich so an?« fragte Agnes. Beinahe hätte sie gesagt: »Hab ich zwei Köpfe?« – aber das konnte sie gerade noch verschlucken.

»Darf ich das nicht?« antwortete er leise und lächelte hilflos. Das Punkmädchen hatte ein Comic-Heft von Daniel genommen und las. Agnes versuchte noch, der Diskussion zu folgen, aber nach zwei Gläsern Wein begann sie einzuduseln. Die Stimmen klangen immer undeutlicher und schienen von immer weiter her zu kommen.

Sie wurde wach, weil ihr die Sonne in die Augen schien. Sie lag zusammengesunken auf dem Sofa. Neben ihr lag der Mann mit der Stirnlocke. Er hatte seine Brille abgesetzt und auf den Tisch gelegt. Sein Kopf ruhte auf Agnes' Schulter. Er schnarchte leise. Seine

Hand lag mit ausgestrecktem Zeigefinger auf ihrem Oberschenkel. Es war klar, daß er mitten in seinem Annäherungsversuch jäh vom Schlaf überrascht worden war.

Daniel kam aus der Küche, mit einem Butterbrot in der Hand. Er näherte sich Agnes auf den Zehenspitzen.

»Mama«, flüsterte er, »wer ist das?«

Daniel war soeben mit Daan verschwunden, um ein paar Tage bei dessen Eltern in Schoonhoven zu bleiben. Agnes hatte ihnen nachgewinkt, saß jetzt auf dem Sofa und versuchte, sich an die Ruhe in der Wohnung zu gewöhnen.

Soll ich mal wieder ein neues Leben anfangen? dachte sie. Tee kochen? Sie würde in den nächsten Tagen viel Tee kochen. Und alle Bücher, die auf ihrem Nachttisch neben dem Bett lagen, endlich mal in einem Zug auslesen. Und wieder für ihren Spanischkurs lernen. Da erklang das kurze Klingeln an der Tür, das nur von jemand ganz Bestimmtem sein konnte. Sie atmete tief durch und ging zur Tür.

Ich muß kühl und zurückhaltend sein, nahm sie sich vor. Wenn Arthur glaubt, daß er nach drei Monaten und anderthalb Wochen einfach dort weitermachen kann, wo er aufgehört hat, dann irrt er sich gewaltig.

Arthur sah sie an und machte eine Bewegung, als ob er an den Rand seiner Mütze tippte. Dann lächelte er und sagte: »Glaubst du, daß ich eventuell rein darf?«

Sie hatte kurz und kühl fragen wollen: »Was willst du?« Aber jetzt machte sie nur das Gesicht, das zu diesen Worten gehörte. Sie trat beiseite und ließ ihn herein. Er setzte sich sofort in den großen Lehnsessel. Agnes stand mitten im Zimmer.

»Nimm doch Platz«, sagte Arthur freundlich und

machte eine einladende Handbewegung Richtung Sofa.

»Ach, vielen Dank«, sagte Agnes. »Sehr aufmerksam von Ihnen.«

Sie setzte sich ihm gegenüber. Seit er hereingekommen war, hatte sie plötzlich einen flauen Magen und zittrige Knie. Es kam jetzt darauf an, von Anfang an die richtigen Worte zu wählen.

»Schön«, sagte Arthur, »wo waren wir stehengeblieben?«

Als sie loslachte, wußte sie, daß sie wieder verloren hatte.

»Mein Gott«, sagte sie, »du bist wirklich rotzfrech.«

»Reden wir nicht über mich«, sagte Arthur, »reden wir lieber über dich. Weißt du, daß du einen der anziehendsten Münder der westlichen Hemisphäre hast? Solche Münder werden gar nicht mehr gemacht, weißt du das? Ist dir klar, wie reich du bist, mit einem einzigen solchen Mund? Meinst du, ich könnte ihn mir mal aus der Nähe ansehen? Eventuell anfassen?«

»Himmelherrgott, Arthur, hör auf«, sagte Agnes. Aber er saß schon neben ihr, und zu ihrer Verblüffung ließ sie sich voller Hingabe küssen.

»Gemeiner Mistkerl«, brachte sie gerade noch in einer Atempause heraus, aber das war rein rhetorisch.

Ergeben Sie sich, dachte sie, jeder Widerstand ist zwecklos.

Arthur zog sie in die Höhe und sagte: »Wir ziehen um.«

Im Schlafzimmer fing er ganz vorsichtig an, sie auszuziehen. Er brauchte dazu eine volle Viertelstunde, Agnes hatte es aus den Augenwinkeln auf der Weckuhr verfolgt. Als er nackt neben ihr lag, sah sie, daß er ganz braungebrannt war.

Auch noch ohne mich im Urlaub... der Mistkerl, dachte sie. Aber als er, während sie beschäftigt waren, ihr ins Ohr flüsterte: »Ist dir langweilig?« und sie von

Herzen »Nein!« antwortete, war ihr klar, daß er den Fall eindeutig gewonnen hatte.

»Wo ist Daniel?« fragte Arthur später im Wohnzimmer.

»Für ein paar Tage mit Daan zu seinen Großeltern nach Schoonhoven gefahren. Er ist tief enttäuscht, daß du das Kätzchen weggegeben hast.«

»Es ist wieder da«, sagte Arthur, »das war nur vorübergehend.«

Er zündete sich eine Zigarette an.

»Ada war allergisch gegen Katzen.«

»Ada?« fragte Agnes.

»Ada«, sagte Arthur.

»Wer ist Ada?« fragte Agnes.

»Auch vorübergehend.«

Er schaute sie an. »So etwas passiert nun mal, Agnes.«

»Hab ich gemerkt, ja«, sagte Agnes.

Arthur legte den Kopf zur Seite, wie ein lauschender Hund, und sah übertrieben hilflos drein.

»Hör auf, Arthur. Du bist ein Mistkerl«, sagte Agnes.

»Ich weiß«, sagte er, »und ich spiele mit dem Gedanken, ein besserer Mensch zu werden. Soll ich ein besserer Mensch werden?«

»Das schaffst du doch nicht«, sagte Agnes.

»Ich kann es doch mal versuchen? Aber gut... Genug der Worte. Zieh dich an, pack deinen Koffer. Ein Auto steht draußen vor der Tür, und in Brüssel habe ich ein Hotelzimmer reserviert.«

»Was?« sagte Agnes, »woher wußtest du denn... meine Güte, Arthur, du bist dir deiner Sache aber sehr sicher...«

»Nein«, sagte Arthur, »ich bin mir *deiner* Sache sehr sicher. Rede nicht lang rum, pack deinen Koffer.«

Gehorsam ging Agnes ins Schlafzimmer.

Arthur setzte sich ans Telefon, holte aus seiner Jakkentasche ein Visitenkärtchen und wählte eine Nummer. »Allô?... Bonjour, madame... est-ce que vous avez une chambre pour deux personnes pour ce soir?«

Die Eltern / Betreuer von Daniel de Jager werden hiermit eingeladen, während des Elternabends zwischen 8 Uhr 20 und 8 Uhr 30 mit der betreffenden Lehrkraft der Cornelis-Aerts-Grundschule zu sprechen.

Agnes fand in den tiefsten Höhlen ihres Kleiderschranks noch einen Faltenrock und ein flaschengrünes Lambswool-Twinset.

»Siehst du aber dämlich aus«, sagte Daniel.

»Absichtlich«, sagte Agnes.

Gleich nach dem Abendessen brachte sie ihn zu Yvonne eine Treppe tiefer.

»Um neun Uhr gehst du von alleine wieder hinauf, damit Yvonne dich nicht wegschicken muß, versprichst du mir das?«

Daniel nickte.

»Und oben gehst du dann gleich ins Bett, hörst du?«

»Spinnst du«, sagte Yvonne, »natürlich gehe ich mit ihm rauf und bringe ihn ins Bett.«

In der Kneipe stand Daan hinter der Theke und staunte nicht schlecht, als Agnes ihren Mantel auszog und er ihr Outfit erblickte.

»Elternabend in Daniels Schule«, sagte sie, »das hier war das Affigste, was ich finden konnte.«

Sie bestellte Kaffee und einen Cognac und setzte sich ans Fenster. Es waren wenig Gäste da. Als Daan ihr den Kaffee und den Cognac brachte, setzte er sich einen Augenblick lang zu ihr.

»Soll ich mitkommen?« fragte er, »wäre es nicht besser, ich komme mit?«

»Bitte nicht«, sagte Agnes, »es ist auch so schon schlimm genug. Beim nächsten Mal bist du dran.«

»Wie geht's dir so?« sagte Daan.

»Gut, Daan, und dir?«

»Es geht«, sagte Daan, »nur...«

»Du fängst doch nicht wieder an, oder?« sagte Agnes, »die Antwort ist nein, nein und nochmals nein.«

Daan nickte und sah auf den Boden.

»Es tut mir leid, Daan, aber du solltest das endlich mal kapieren.«

Er nickte wieder.

»Bring mir lieber noch einen Cognac.«

Daan zögerte.

»Keine Angst, mein Lieber. Ich werde auf diesem Elternabend bestimmt nicht unangenehm auffallen.«

Er brachte den Cognac. In diesem Augenblick kamen viele Gäste ins Lokal, und plötzlich hatte er viel zu tun. Agnes genehmigte sich noch einen dritten und einen vierten Cognac, den sie sich an der Theke holte, aber dann war es soweit. Sie mußte los. An der Tür hielt Daan sie am Arm zurück.

»Ich will ja nicht meckern«, sagte er, »aber dein Pullover riecht nach Muff, weißt du das?«

Sie roch an ihrem Ärmel.

»Lieber Himmel«, sagte sie.

Sie kramte in ihrer Schultertasche und fand einen Parfümzerstäuber mit Eau de Toilette. Sie besprühte sich. »Vielen Dank«, sagte sie, »und wünsch mir Erfolg.« Sie ging hinaus.

Vor dem Klassenzimmer standen vier Leute und warteten auf dem Flur.

»So etwas dauert immer länger«, sagte ein Mann mit rotem Schnurrbart zu ihr, »meine Frau und ich waren schon für zehn vor acht bestellt, und jetzt ist es...«

Er schüttelte eine große Armbanduhr frei. »Also... eine gute halbe Stunde stehen wir hier schon... na ja, die Lehrer haben es auch nicht leicht.«

»Fast niemand hat es heutzutage leicht«, sagte Agnes. Was erzähle ich denn da für Blödsinn, dachte sie.

»Wie meinen Sie?« fragte der Mann, aber zu Agnes' Erleichterung wurden er und seine Frau hineingebeten.

Als Agnes ins Klassenzimmer kam, zeigte ihr der Lehrer Daniels Tisch, auf dem seine Hefte und Zeichnungen ausgebreitet lagen.

»Schauen Sie sich das ruhig schon an«, sagte er, »ich komme gleich zu Ihnen.«

Er hatte noch ziemlich lange mit zwei anderen Leuten an einem anderen Tischchen zu tun, so daß Agnes sich in aller Ruhe in Daniels Œuvre vertiefen konnte. Eine beunruhigende Zeichnung war dabei. Mit bunten, fröhlich gemeinten Großbuchstaben hatte er *Agnes' Geburtstag* daruntergeschrieben. Die abgebildeten Menschen sahen für Feiernde ziemlich verzweifelt aus, fand Agnes, beruhigte sich aber mit dem Gedanken, daß das ihr persönlicher Eindruck sein konnte. Leider standen auch ziemlich viele große Flaschen herum. *Wein, Wein* und *Wein* stand darauf.

»Daniel ist ein Individualist«, sagte der Lehrer. Er lächelte die ganze Zeit.

»Er ist sehr versponnen. Er geht seine eigenen Wege. Früher hätte man gesagt: ein typisches Montessori-Kind. Er nimmt am Gruppengeschehen nicht so sehr teil, funktioniert also nicht innerhalb der Gruppe, sondern...«

»Ärgern sie ihn sehr?« kam Agnes zur Sache. Der Lehrer warf den Kopf in den Nacken und starrte an die Decke. Als er sie wieder ansah, war auch das Lächeln wieder da.

»Ach...« sagte er, »wenn es zu schlimm wird, greife ich natürlich ein, aber im allgemeinen... Kinder können viel mehr aushalten, als wir glauben, wissen Sie.«

Agnes merkte, daß der Cognac zu wirken begann. Eine weinerliche Wut übermannte sie, aber sie konnte sich noch bremsen und über Daniel wie über einen besonders interessanten Fall weiterreden. Er versicherte ihr, daß an Daniels Intelligenz nichts haperte. Es würde ihn nicht wundern, wenn der Junge es noch einmal weit brächte. Falls er ein bißchen härter würde.

Zu Hause schlich sie auf Zehenspitzen in sein Zimmer. Er hatte das Gesicht zur Wand gedreht, und der Anblick von seinem dünnen Hals über dem grauen T-Shirt, das er als Pyjama trug, reichte aus, um Agnes in Tränen ausbrechen zu lassen. Sie biß sich auf die Unterlippe, kniete neben dem Bett nieder und küßte den Jungen behutsam über sein Ohr.

»Igitt, Agnes, du hast ja eine Fahne«, sagte er und vergrub sein Gesicht in den Kissen.

Eine Woche. Arthur war jetzt schon eine volle Woche bei ihr. Wenn sie morgens aufwachte, schaute sie immer wieder, auf den Ellbogen gestützt, mit angehaltenem Atem auf seinen schlafenden Kopf neben ihr in den Kissen. Nach drei Tagen hatte sie sogar zu fragen gewagt: »Was möchtest du heute abend essen?«, als er im Mantel an der Tür stand. Arthur war wieder ins Zimmer gekommen und hatte sich an den Tisch gesetzt.

»Ein sehr interessantes Thema«, hatte er gesagt. »Komm, setz dich hierher«, und damit hatte er sie lächelnd aus ihrem Bademantel geschält und sanft in den Nacken geküßt, als sie schließlich nackt am Tisch saß.

»Le petit déjeuner sur l'herbe«, sagte er und wies mit einer Armbewegung auf Agnes, sich und den Frühstückstisch.

»Jetzt lieg ich doch wahrhaftig wieder im Bett«, sagte er eine halbe Stunde später, »dabei war ich gerade so ordentlich aufgestanden.«

An diesem Abend aßen sie Rindfleisch in Rotwein geschmort, mit braunem Reis und Endiviensalat. Arthur hatte ihr verboten, die Flasche Buzet aus dem Kaufhaus zu öffnen, und statt dessen zwei Flaschen St. Emilion aus dem Flur gezaubert. Daniel hatte ein halbes Glas mittrinken dürfen, und danach, warum nicht, noch ein halbes Glas. Danach sagte er: »Jetzt bin ich betrunken« und führte für Arthur und Agnes die komische Nummer vom Betrunkenen auf, der zuerst seinen Hausschlüssel nicht findet und ihn dann, als er ihn endlich hat, immerzu neben das Schlüsselloch steckt. Zusammen hatten sie ihn ins Bett gebracht, und als sie an den Eßtisch zurückkehrten, schien Arthur noch eine dritte Flasche St. Emilion in Vorrat zu haben.

Arthur las aus einem seiner Lieblingsbücher eine Passage vor, der Agnes halb mit dem Kopf zwischen den Tellern liegend atemlos lauschte.

Als er das Buch zuklappte, konnte sich Agnes nicht länger beherrschen.

»Oh, Gott, Arthur«, sagte sie. »Ich hab dich so furchtbar lieb.«

»Kindchen«, rief Arthur, »was für Ausdrücke! Spül dir schnell den Mund!« Und er schenkte ihr Glas voll.

Sie erinnerte sich dunkel daran, daß sie gegen Mitternacht vorgeschlagen hatte, noch kurz in die Kneipe zu gehen, aber Arthur hatte sie schließlich auf ganz andere Gedanken gebracht. Sie hatten erst am andern Morgen zusammen abgewaschen.

Nach einer Woche und zwei Tagen merkte Agnes schon beim Frühstück, daß es vorbei war. Arthur hatte plötzlich den unbestimmten Blick, den sie so gut kannte. Er gab zerstreute Antworten. Als er schließlich sagte: »Komm ... ich muß mal wieder los«, wußte sie, daß er für unbestimmte Zeit wegbleiben würde. Sie wußte auch, daß es keinen Sinn hatte zu fragen, ob er abends nach Hause käme. Sie fragte nur leise: »Sehen wir uns bald wieder?«

»Ja«, sagte Arthur. »Bald. Tschüß, Kleine.«
Und er verschwand.

Sie saß am Fenster und schaute auf die Straße hinunter. Sie hatte Daniel losgeschickt, um eine Tüte Milch, ein halbes Brot und hundert Gramm Kochschinken einzukaufen, und wartete jetzt, bis er zurückkam.

»Herr A. aus A. hat die Wohnung mit unbekanntem Ziel verlassen«, murmelte sie, »seine Freunde und Angehörigen befürchten das Schlimmste.« Sie sah Daniel um die Ecke biegen und die kleine Plastiktüte schwenken.

»Komm mal her«, sagte sie, als er im Zimmer stand. Er ging zu ihr, und während sie ihm übers Haar streichelte, fragte sie: »Sollen wir irgendwas ganz Tolles unternehmen?«

»Was denn?« fragte Daniel.

»Tante Ans und Onkel Erik in Ermelo besuchen?«

»Wirklich?« fragte Daniel. »Jetzt gleich?«

»Heute nachmittag, nach der Schule. Ich muß mir erst irgendwo Geld leihen.«

Daniel aß schnell ein paar Brote und ging in die Schule.

Aber es klappte nicht. Am Telefon war eine panische Tante Ans, die berichtete, sie und Erik seien gerade dabei, sich scheiden zu lassen, und Agnes sah sofort ein, daß dies nicht der geeignete Moment für einen gemütlichen Plausch war. Trotzdem lieh sie sich von Bea zweihundert Gulden, rief ihre Mutter an und stand nachmittags vor der Schule, wobei sie im Geist immer wieder memorierte, wie sie Daniel die traurige Nachricht beibringen wollte. Er reagierte ziemlich gelassen und fand es prima, daß er statt dieses Ausflugs bei Oma übernachten durfte.

Zu ihrer Erleichterung sah sie, daß Daan keinen Dienst hatte, als sie am Spätnachmittag in die Kneipe kam. Sie fürchtete, in einem schwachen Moment wie diesem könnte sie womöglich auf seinen Vorschlag eingehen und wieder zu ihm zurückkehren, was unter allen Umständen vermieden werden mußte. Denn, wie Bea zu reimen pflegte, »Unser Daan ist abgetan«.

Sie entdeckte Willem in einer Ecke, der ihr winkte.

»Du siehst aber müde aus«, sagte Willem, »was willst du trinken?«

»Einen Weißwein, bitte«, sagte Agnes, »seh ich wirklich so müde aus?«

»Lach mal«, sagte Willem. Sie lachte.

»Wenn du die ganze Zeit über lachst, merkt man nichts davon«, sagte er.

Der Wein schmeckte ihr nicht, und Willems Gesellschaft langweilte sie schon nach zehn Minuten. Sie beschloß, heimzugehen. Als sie bei einem Abendgeschäft stehenblieb und ins Schaufenster blickte, beschloß sie noch etwas. Sie ging hinein und verlangte ein Dutzend Austern und eine Flasche Chablis.

Zu Hause war sie eine geschlagene Stunde damit beschäftigt, die Austern zu öffnen. Das Messer rutschte ein paarmal ab, und sie schnitt sich tief in den Handballen. Sie legte die Austern auf eine große Platte, deckte den Tisch, stellte die Flasche in einem Milchtopf mit Eiswürfeln kalt und fing an zu essen. Blutend und weinend schlürfte sie die Austern, eine nach der anderen.

Mitten in der Nacht wurde Agnes wach. In ihrem Kopf dröhnte es, ihr war schlecht. Sie blieb auf dem Rücken ausgestreckt liegen und wartete, bis es vorbei wäre. Es ging aber nicht vorüber. Ihr wurde immer schlechter, und es blieb ihr gar nichts anderes übrig, als sich damit abzufinden. Als sie neben dem Bett stand, dachte sie, jemand hätte ihr heimlich die Knie aus beiden Beinen herausgenommen. Sie wankte zum Klo, hockte sich neben die Schüssel und fing an, schallend zu erbrechen.

Kurz darauf stand Daniel in der Tür, mit dicken Schlafaugen.

»Bist du betrunken?« fragte er.

Agnes schüttelte den Kopf über der Kloschüssel und erbrach sich wieder.

»Nein, Schatz«, sagte sie, als sie wieder sprechen konnte, »Mama ist krank. Ich weiß nicht, was ich habe.«

Sie stand langsam auf und suchte Halt an der Kachelwand.

»Ich glaube, das Schlimmste ist überstanden«, sagte sie, »komm, Schatz, schnell ins Bett. Ich gehe auch wieder schlafen.«

Sie ging mit Daniel in sein Zimmer und deckte ihn zu.

»Es ist nichts Schlimmes«, sagte sie.

Dann ging sie hastig aus seinem Zimmer und erreichte gerade noch das Klo.

»Ruf Oma an«, sagte Agnes am nächsten Morgen. Sie war im Bett liegengeblieben.

»Ist noch Brot da? Sonst mußt du heute mal Yoghurt zum Frühstück nehmen.«

Sie hörte Daniel wählen.

»Agnes ist krank«, hörte sie seine Stimme.

»Menschenskind, Daniel!« schrie sie, »kannst du nicht erst mal *Guten Morgen, Oma* sagen?«

Kurz darauf stand Daniel an ihrem Fußende.

»Oma kommt.«

»Ach, was«, sagte Agnes, »wann denn?«

»Sofort«, sagte er.

Er ging in die Küche und kam fast unmittelbar wieder zurück, mit einem Tetrapack Yoghurt in der Hand.

»Das Yoghurt schmeckt nicht gut«, sagte er.

»Gib mal her.«

Sie roch an der Packung und zuckte zurück.

»Wieviel hast du davon gegessen?«

»Einen Löffel. Es war so fies, bah.«

»Schmeiß es weg, es sind noch Kekse in der Dose auf dem Brett. Nimm die dann mal.«

Daniel ging wieder in die Küche.

»Sind sie sehr altbacken?« rief Agnes.

Er sagte etwas Unverständliches mit vollem Mund. Zehn Minuten später ging er zur Schule.

Agnes hatte sich im Wohnzimmer mit einer Decke auf das Sofa gelegt, als ihre Mutter klingelte. Sie öffnete die Tür und legte sich wieder hin.

»Kindchen, was ist denn mit dir?« sagte ihre Mutter, »warum bist du nicht im Bett?«

»So krank bin ich auch wieder nicht«, sagte Agnes.

»Hast du den Onkel Doktor schon gerufen?« fragte ihre Mutter.

Oh, Gott, dachte Agnes, was sagt sie für scheußliche Sachen. Onkel Doktor. Hast du den Onkel Doktor schon gerufen.

»Nein«, sagte sie, »ich hab den Doktor noch nicht gerufen. Übrigens habe ich überhaupt keinen Doktor. Seit ich hier wohne, bin ich noch nie krank gewesen.«

»Aber dann laß ich doch schnell Doktor Berger kommen!«

»Untersteh dich. Dieses Ekel«, sagte Agnes. »Hör mal, Mama, ich hab nichts Schlimmes. Nur eine Grippe oder so. Morgen bin ich wahrscheinlich wieder fit.«

»Dann mach ich dir jetzt schnell einen Tee«, sagte ihre Mutter. »Du trinkst doch Tee? Kaffee scheint mir nicht das Richtige.«

»Nein, keinen Kaffee«, sagte Agnes. Hab ich überhaupt Tee im Haus? dachte sie.

Ihre Mutter ging suchend umher.

»Kann ich meinen Mantel im Flur ablegen, oder hast du noch immer keine Garderobe?«

Ablegen, dachte Agnes, ablegen. Wie kann man dieses Wort im Ernst verwenden?

Ihre Mutter kam unverrichteter Dinge aus dem Flur zurück und legte ihren Mantel über einen Stuhl. Ihre Mundwinkel wiesen abwärts.

Sie ging in die Küche. Agnes hörte, wie sie den Kessel auf das Gas setzte.

Du lieber Himmel, dachte Agnes, die Küche ist ein einziger Schweinestall.

»Mama!« rief sie, »achte nicht auf die Unordnung.«

Ihre Mutter kam wieder ins Zimmer.

»Wo steht denn dein Tee?«

»In der gelben Dose.«

»Die ist leer.«

»Dann hab ich keinen Tee.«

Zuerst ging ihre Mutter einkaufen. Als sie davon zurückkam, band sie sich eine Schürze um und verschwand wieder in der Küche. Agnes hörte sie aufräumen. Danach erschien sie in der Türöffnung.

»Kind«, sagte sie, »wie kannst du nur so leben.«

»Wie denn?« fragte Agnes.

»Diese Wohnung«, sagte ihre Mutter und machte mit der Hand eine halbkreisförmige Bewegung. »Dabei hast du so nett mit Daan in der Weststadt gewohnt. Ihr hattet dort alles so schön ordentlich eingerichtet. Ich versteh das nicht. Ich verstehe es wirklich nicht.«

Sie schaute durchs Fenster nach draußen und schüttelte den Kopf. Dann verschwand sie wieder.

Nach dem Tee hatte sich Agnes' Mutter nützlich gemacht, während Agnes hilflos auf dem Sofa lag. Sie hörte, wie sie leise stöhnend den Fußboden aufwischte, das Geschirr abwusch (»Kind, was für Mengen! Ihr seid doch nur zu zweit?«) und anschließend mit leisem Quietschen das Küchenfenster reinigte. Ab und zu kam sie ins Zimmer und machte Mitteilungen hausfraulicher Art.

»Mädchen, du weißt doch, daß du den Kühlschrank regelmäßig abtauen mußt! Sonst fängt er an zu riechen.«

»Du mußt das alte Brot auch wegwerfen, hörst du, die ganze Brotkapsel riecht nach Schimmel.«

»Was für eine Ansammlung von leeren Flaschen – hast du denn eine Party gehabt?«

Nach der Küche nahm sie sich Agnes' Schlafzimmer vor und dann Daniels Zimmer. Agnes hörte sie auch im Flur rumoren. Sie rückte Möbel. Sie kehrte. Sie seufzte. Ab und zu heulte der Staubsauger auf.

Endlich kam sie wieder ins Wohnzimmer.

»Setz dich nun aber mal hin, Mama«, sagte Agnes.

»Du mußt was essen«, sagte ihre Mutter. »Soll ich Spiegeleier machen?«

Agnes gab würgende Geräusche von sich.

»Aber du *mußt* was essen.«

Sie einigten sich schließlich auf zwei dünne Scheiben Toast mit Butter und etwas Honig.

Nach dem Essen ging ihre Mutter mit frischen Kräften an den Hausputz. Der Tornado legte sich erst gegen drei Uhr nachmittags. Die Wohnung roch nach Vim und Bohnerwachs.

»Wie soll das jetzt mit dem Essen werden – in dieser kalten Küche?« fragte ihre Mutter. »Es wäre mir viel lieber, du würdest dich bei mir auskurieren.«

»Wirklich nicht, Mama. Es ist schon toll, daß du mir Daniel abnimmst.«

»Na ja... das mußt du selber wissen. Jedenfalls steht die Hühnersuppe auf dem Herd. Glaubst du wirklich, daß du allein zurechtkommst?«

»Wirklich.«

»Rufst du mich an, wenn irgend etwas ist?«

»Ja, Mama. Ich komme gut zurecht. Wirklich wahr. Es geht mir schon viel besser.«

»Also dann, Wiedersehen, Kind. Ich gehe dann.«

»Vielen Dank für alles.«

Sie küßten einander mit spitzen Lippen. An der Tür sagte ihre Mutter noch: »Und dann die scheußliche Gegend hier . . . «

Und dann war sie wirklich weg. Agnes lehnte sich seufzend zurück. Sie schloß die Augen und versank in einen tiefen Schlaf.

Abends um halb zehn aß sie einen halben Teller Suppe und ging fröstelnd ins Bett. Sie lag die ganze Nacht wach und beschloß gegen Morgen, daß es ihr besser ging. Erst dann schlief sie wieder ein.

Daniel stand an der Tür, bereit, zur Schule zu gehen.

»Daniel!« rief Agnes erschrocken, »deine Schuhe . . . diese Schuhe gehen wirklich nicht mehr. Damit kannst du nicht in die Schule.«

Daniel schaute an sich herunter.

»Hast du keine anderen?« fragte Agnes, »die schwarzen . . . wo sind die schwarzen?«

Daniel ging in sein Zimmer und kam mit zwei Gegenständen zurück, in denen Agnes mit einer gewissen Anstrengung ein Paar Schuhe erkannte.

»Die sind ja noch schlimmer«, sagte sie.

Sie setzte sich in ihren Sessel und sagte: »Heute nachmittag hole ich dich von der Schule ab, dann kaufen wir Schuhe. Wirf diese ekligen Dinger hier in den Mülleimer. Einen Tag lang mußt du eben noch in den Schuhen gehen, die du anhast.«

Daniel machte sich auf den Weg. Sie nahm eine Zigarette aus dem Päckchen, das auf dem Tisch lag, und fing hastig an zu rauchen. Dann ging sie zum Telefon und wählte eine Nummer.

»Du hättest keinen Tag eher anrufen dürfen«, sagte Bea. Sie saßen bei Agnes um die Ecke im Café.

»Gestern kam das große Geld. Van Vuuren hat bezahlt. Ich hab wieder etwas Luft. Wieviel brauchst du?«

Agnes begann im Geist schnell zu rechnen. Schuhe für Daniel, dann noch etwas zum Essen für die kommende Woche und vielleicht noch etwas extra.

»Wären hundertfünfundsiebzig zuviel?«

»Das ist doch nichts, damit kommst du nicht weit. Hier, ich geb dir fünfhundert Gulden.«

Sie begann in ihrer Tasche zu wühlen.

»Aber ich schulde dir sowieso noch zweihundert«, sagte Agnes besorgt.

»Das kommt schon noch. Ich hab es vorläufig nicht eilig. Wirklich nicht.«

Sie hatte die fünf Geldscheine zusammengerollt und hielt sie Agnes hin.

»Steck's ein, blöde Gans«, sagte sie, als Agnes zögern wollte.

»Danke«, sagte Agnes und tat das Geld in ihre Tasche. »Du bist ein Juwel.«

»Hör mal«, sagte Bea, »du willst es wahrscheinlich versaufen, was?«

»Ich trau mich kaum, es zu sagen«, sagte Agnes, »aber Daniel hat überhaupt keine Schuhe mehr. Ich muß Schuhe für ihn kaufen.«

Bea schlug die Hand vor den Mund und sagte kichernd: »Oh, mein Gott, Agnes ... wie ergreifend.«

»Findest du sie schön?« fragte Agnes.

Daniel nickte eifrig, ohne etwas zu antworten. Er konnte die Augen kaum von den neuen Schuhen abwenden, die an seinen Füßen glänzten. Es sind sehr unpraktische Schuhe, dachte Agnes. Aber er findet sie schön.

»Möchtest du sie anbehalten?« fragte Agnes. Daniel nickte wieder.

»Er behält sie an«, sagte Agnes zum Verkäufer. Auf der Straße sah Agnes, daß Daniel immer so ging, daß er seine Schuhe in der Schaufensterscheibe sehen konnte.

Er lief ein Stückchen vor ihr her. Morgen kauf ich ihm auch eine neue Hose, dachte sie.

»Daniel!« rief sie, »sollen wir durch den Vondelpark gehen?«

Dort fing er an zu rennen. Es wehte kräftig, und der Junge hielt seine Jacke auf, um den Wind zu fangen.

»Agnes! Ich segle!« rief er. Er rannte um eine Blumenrabatte und kam keuchend wieder bei ihr zum Stehen.

»Sie sitzen prima... prima!« rief er. »Man geht so leicht wie... wie auf einer Feder!«

Seine Stimme überschlug sich vor Aufregung. Ein dicker Tropfen hing an seiner Nase.

»Nicht mit dem Ärmel«, sagte Agnes. Dann rannte er wieder weg. Auf seinen neuen Schuhen.

»Agnes«, sagte er kurz darauf, »du mußt dich hier auf diese Bank setzen, und dann renne ich so...«, er zeigte es, »und so, und so, an dieser Baumgruppe entlang.«

»Baumgruppe?« fragte Agnes.

»Ja, dort hinten... und dann lauf ich dort so entlang und dann bei dem Zaun und dann über die Brücke und dann komm ich wieder zu dir. Ist das gut?«

»Sehr gut«, sagte Agnes. Sie setzte sich auf die Bank, und der Junge rannte los. Sie sah ihm nach. Baumgruppe, dachte sie. Baumgruppe. Sie sah ihn rennen, immer wieder hinter Büschen und Bäumen auftauchen und ab und zu stillstehen, um seine neuen Schuhe zu betrachten. Baumgruppe, dachte Agnes. Lieber Daniel, du mit deiner Baumgruppe.

Auf einmal war alles schön. Als sie den Park verließen, schlug Agnes vor, noch irgendwo fiese, fette Fritten zu essen. Zwei Pommesfritesbuden ließen sie links liegen, weil sie den unangenehmen Verdacht hegten, daß die Fritten dort nicht fies und fett genug waren. Bei der einzig richtigen Stelle aßen sie jeder eine Tüte Pommes,

Agnes mit Mayonnaise, Daniel mit Satésauce, sowie zwei Frikadellen mit Ketchup und zwei unglaublich fiese Fleischkroketten.

Auf dem Heimweg kauften sie Obst und zwei Großpackungen Vanillepudding und zwei Flaschen Côtes du Rhône. Zu Hause spielten sie eine Runde Monopoly, wobei Agnes Daniel möglichst viel schummeln ließ, aßen den Vanillepudding mit Obststückchen, und erst gegen zehn ging Daniel in sein Zimmer, um ins Bett zu gehen.

Als Agnes kam und ihm den Gutenachtkuß bringen wollte, entdeckte sie ihn nackt auf dem Fußboden, wie er versuchte, seine neuen Schuhe mit einem alten Taschentuch auf Hochglanz zu reiben.

»Fabelhaft«, sagte Agnes, »aber jetzt mußt du schlafen.«

Er stieg ins Bett. Als sie ihn küßte, sagte Agnes zu ihm: »Schlaf gut, Baumgruppe.«

»Aber das stimmt doch... Baumgruppe? So sagt man doch? Das ist doch ein richtiges Wort?«

»Ja, mein Schatz... so sagt man. Ich finde es ein so hübsches Wort, wenn du es sagst. Schlaf gut, mein Junge.«

Im Wohnzimmer öffnete sie eine Flasche Côtes du Rhône. Im Kühlschrank fand sie noch ein Stück Käse. Sie machte sich's auf dem Sofa bequem und legte eine alte Platte von Randy Newman auf. »Marie« hörte sie zwölfmal hintereinander und mußte jedesmal wieder bei dem Satz weinen: *And I never listen to a word you say.*

Am nächsten Tag stellte sie fest, daß sie noch zweihundertundfünfundsiebzig Gulden übrighatte. Aber der Zauber von Daniels neuen Schuhen blieb.

Tagelang.

Agnes hatte Arthur wochenlang nicht gesehen. Das war sie gewöhnt, aber sie gewöhnte sich nie daran. Ihr Leben war ein paar Tage lang ganz anders gewesen, weil sie über Bea einen Aushilfsjob in einer Boutique bekommen hatte. Sie ging morgens zusammen mit Daniel aus dem Haus, begleitete ihn ein Stück und bog dann rechts ab. Arbeit konnte man dies nicht nennen, eher warten. Warten, bis ein Kunde kam, und warten, bis der Kunde wieder wegging. Sie fand die Kleider, die dort verkauft wurden, nicht schön, und nur mit größter Mühe brachte sie irgend etwas Freundliches über die Ware heraus. Fand eine Kundin ein Kleid häßlich, gab sie ihr in Gedanken vollkommen recht. Nach fünf Tagen hatte der Besitzer gesagt, man müßte mal miteinander reden.

»Gefällt es dir denn hier?« hatte er gefragt.

Agnes hatte mit einem verwunderten Lachen gesagt, es handle sich doch nicht darum, ob es *ihr* hier gefalle. Das sehe sie falsch, hatte der Eigentümer gemeint. Er wolle nur mit Leuten zusammenarbeiten, die »optimal motiviert« wären. Und er könne sich des Eindrucks nicht erwehren, daß ihre Motivation überhaupt nicht optimal sei.

Er vermisse: eine gewisse Begeisterung.

»Ich glaube, ich bin von Natur aus nicht so begeistert«, hatte Agnes geantwortet.

»Wie kommt das, Mädchen?« hatte der Mann gesagt und ihr tief in die Augen geschaut. Er hatte seinen Stuhl näher herangerückt und ihr die Hand aufs Knie gelegt.

»Bist du eigentlich glücklich?« hatte er gefragt.

Es war nach Ladenschluß, und hinten im Laden wurde es dämmrig. Erst als er ihr mit beiden Händen an den Busen griff, hatte Agnes kapiert, was es geschlagen hatte. Verwundert hatte sie seine Hände betrachtet und gesagt: »Aber was tun Sie denn da!«

Das hatte ihn ernüchtert. Er war aufgestanden, hatte ihr den Rücken zugedreht und gesagt: »Du brauchst nicht mehr herzukommen.«

Über Geld wurde nicht gesprochen. Ein paar Tage später hatte er doch gezahlt. Bea überreichte ihr das Geld und richtete aus, er habe, was sie betreffe, »no hard feelings« und er würde es begrüßen, wenn auch sie »ohne rancune« wäre.

»Irgendwas passiert?« fragte Bea.

Agnes erzählte.

»Also wirklich«, brauste Bea auf, »ist der Kerl denn völlig übergeschnappt?«

Sie beteuerte, diesem Ekelpaket werde sie kräftig die Meinung geigen, aber Agnes sah nicht ein, was das nützen sollte.

»Du läßt aber auch alles mit dir machen!« sagte Bea. »Warum hast du dem Kerl nicht einen Hau auf die Tatzen gegeben?«

Darüber mußte Agnes nachdenken.

»Ich glaube, er tat mir leid«, sagte Agnes.

»Mit dir ist es hoffnungslos.«

Bea schüttelte den Kopf.

Sie saßen in der Kneipe, als Willem hereinkam und sich zu ihnen an den Tisch setzte.

»Ich hab gehört, du arbeitest«, sagte Willem, »schade.«

»Wieso schade?« fragte Agnes. »Übrigens hab ich schon wieder aufgehört.«

Willem erzählte, er hätte in zwei Wochen eine Ausstellung und suchte jemanden, der ihm beim Einrahmen half.

»Ich kann's auch selber machen, aber ich hab verdammt noch mal zu wenig Exponate, also muß ich wie ein Irrer ein paar Zeichnungen machen, und während du die Sachen einrahmst, könnte ich arbeiten.«

»Das will ich gern tun«, sagte Agnes, »ist es schwierig?«

»Ach nein«, sagte Willem. »Nur todlangweilig. Aber ...« Er hob den Zeigefinger, »du kriegst Geld dafür.«

Zu Agnes' Verwunderung wurden es angenehme Tage in Willems Atelier. Gleich zu Beginn hatte Willem gesagt, sie müßten unbedingt darauf achten, a) nicht in Panik zu geraten und b) sich nicht auf alberne Weise zu ermüden. Agnes ging energisch an die Arbeit. Es war tatsächlich keine Hexerei, und sie erwarb sich schon am ersten Tag eine gewisse Fertigkeit darin. Willem kam alle Augenblicke mit der Meldung, daß er absolut nicht inspiriert sei, aber in Gottes Namen irgend etwas »hinkritzeln« werde.

»Wenn es nur nach was aussieht«, sagte er.

Am dritten Tag hatte ihr Willem in einer Kaffeepause die Hand aufs Knie gelegt. Am vierten Tag hatte er ihre Brüste gestreichelt, und am fünften Tag war es dann passiert, auf einem alten Kanapee in der Ecke des Ateliers.

»Warum *tu* ich so was?« dachte Agnes, während Willem über ihr in Schweiß geriet. Sie kam zu dem Schluß, es geschehe aus Herzlichkeit.

»Jesus«, sagte Willem, »das hätten wir lieber nicht tun sollen.«

»Das macht doch nichts«, sagte Agnes.

»Ich fand dich auf einmal so... begehrenswert«, sagte Willem.

Agnes mußte lachen.

»Sehr schmeichelhaft für mich«, sagte sie.

»Wir hätten es lieber nicht tun sollen«, sagte Willem. »Es stört das Betriebsklima.«

»Mach du uns mal lieber einen guten Kaffee«, sagte Agnes.

Am nächsten Tag beschlossen sie stillschweigend, so zu tun, als ob nichts passiert wäre. Agnes rahmte und Willem zeichnete, erst schweigend, gegen Abend schon wieder leise singend. Am zehnten Tag war alles eingerahmt, sogar die allerletzten Zeichnungen.

»Kaum zu glauben«, sagte Willem, »alles fertig. Es kann direkt in diese blöde Galerie. Wer hätte das gedacht?« Zufrieden schaute er auf die eingerahmten Bilder.

»Agnes«, sagte er, »du bist ein Spitzenweib. Soll ich mich in dich verlieben?«

»Lieber nicht«, sagte Agnes.

»Dann nicht«, sagte Willem und küßte ihr die Hand.

Sie gingen zusammen bei der Bank vorbei, und Willem bezahlte ihr viel mehr, als sie ausgemacht hatten.

Als Agnes protestieren wollte, sagte er: »Keine Faxen. Lad mich einfach auf einen doppelten Whisky in die Kneipe ein.«

»Aber nur kurz«, sagte Agnes, »weil ich Daniel bei meiner Mutter abholen muß.« Nach einer Stunde rief sie aus der Kneipe an, ob Daniel noch eine Nacht bleiben könne. Sie ging mit Willem und ein paar flüchtigen Bekannten zum Italiener essen, und erst nach dem dritten Sambuca zum Kaffee war sie bereit, nach Hause zu wollen.

Vor der Haustür stand Arthur.

»Sag nicht: Das ist lange her«, sagte Arthur, während er sie küßte.

»Ach nein«, sagte Agnes, »es war gestern.«

In der Nacht hatte Arthur aus der Hosentasche ein kleines Etui gefischt und schweigend auf Agnes' nackten Bauch gestellt. Ohrringe waren drin. Agnes fand, daß sie damit nuttig aussah, aber sie sagte, sie wären phantastisch. Während Arthur mit dem Kopf auf ihrer Schulter einschlief, dachte sie über die Ohrringe nach. Irgend etwas war damit los. Arthur hatte ihr noch nie etwas Häßliches geschenkt. Und diese Ohrringe waren häßlich, es paßte gar nicht zu ihm, ihr so etwas zu schenken. Außerdem hatte sie sie schon irgendwo gesehen. Aber wo? Und vor allem: an wessen Ohren? Im Geist ließ sie die Ohren all ihrer weiblichen Bekannten Revue passieren, aber sie kam nicht drauf und fiel schließlich todmüde in Schlaf.

Nach drei Stunden wachte sie wieder auf. Noch etwas Ärgerliches war ihr eingefallen. Vor ein paar Tagen hatte sie vergessen, die Pille abzuholen, die in der Apotheke für sie bereit lag. Sie nahm schon drei Tage die Pille nicht.

»Arthur«, flüsterte sie, »ich hab die Pille vergessen.«

»Was?« fragte Arthur schläfrig.

»Die Pille«, sagte Agnes, »ich hab die Pille vergessen.«

»Dann nimm doch die Morning-after-Pille«, sagte Arthur und schlief weiter.

Diese Antwort war zu erwarten gewesen, aber nicht, was sie erhofft hatte.

»Dann kriegen wir zwei doch einfach zusammen ein Kind?«

Das hätte sie hören wollen, wider besseres Wissen.

Sie holte sich die Morning-after-Pille. Schlecht gelaunt, denn der Arzt war einer, der kein Medikament verschrieb, ohne den Beipackzettel zu predigen. Daß die Morning-after-Pille nur für Notfälle gedacht sei. Als ob ich hier jede Woche sitze und ihn um die Morning-after-Pille anflehe, dachte Agnes.

»Pompous ass«, murmelte sie, als sie auf der Straße stand. Sie hatte diesen Ausdruck einmal in einem englischen Buch gelesen und für etwaige Gelegenheiten sorgfältig aufgehoben. Dies hier war eine.

»Pompous ass«, zischte sie ein zweites Mal in Richtung Fenster, hinter dem sie das Sprechzimmer wußte. Sie holte die Pille in der Apotheke und kaufte dann im Laden um die Ecke ein Päckchen Kaffee, zwei Flaschen Muscadet und Milch auf Pump. Sie schuldete dort noch vierunddreißig Gulden, aber das war auch schon schlimmer gewesen.

Zu Hause schlief Arthur noch. Sie weckte ihn mit Kaffee.

»Arthur«, sagte sie, »wenn ich ein Kind von dir kriegen würde... was würdest du tun?«

»Kriegst du ein Kind von mir?« fragte Arthur.

»Nein«, sagte Agnes, »aber mal angenommen...?«

Arthur stützte sich auf einen Ellbogen.

»Ein Kind«, sagte er nachdenklich. »Du hast doch schon ein Kind?« und rührte in seinem Kaffee.

»Aber nicht von dir«, sagte Agnes.

Das ist sehr riskant, dachte sie. Arthur legte sich wieder auf den Rücken und starrte an die Decke.

»Weißt du was?« sagte er. »Gib mir zehn Jahre Zeit, um mich an den Gedanken zu gewöhnen.«

Zehn Jahre, dachte Agnes, das würde ich schon aushalten.

Nachdem er sich angezogen hatte, fragte Arthur, ob er mal telefonieren dürfe. Er hatte bei ihr noch nie telefoniert, ohne sie vorher um Erlaubnis zu fragen, und sie mußte jedesmal, nachdem sie »aber selbstverständlich« gesagt hatte, in die Küche gehen und dort kurz und lautlos ein bißchen weinen.

Was hab ich doch für einen höflichen Geliebten, dachte sie bitter.

Arthur versöhnte sie wieder, als er sagte, daß er jetzt ein paar Sachen erledigen müßte und auf dem Rückweg Daniel von der Schule abholen würde. Das hieß zumindest, daß er wiederkommen würde.

Gegen Mittag kam ein sonderbarer Anruf.

»Ist Arthur da?« fragte eine Frauenstimme.

»Nein«, sagte Agnes, »aber so gegen vier wird er wieder da sein. Wen darf ich ausrichten?«

»Sylvia.«

»Sylvia wer?« fragte Agnes, aber da wurde schon aufgelegt.

»Schau mal«, sagte Daniel und hielt ein Comic-Heft hoch. »Hab ich von Arthur geschenkt.«

»Geschenkt bekommen«, verbesserte Agnes.

»Geschenkt bekommen«, sagte der Junge folgsam. Er ging in sein Zimmer.

»Sylvia hat angerufen«, sagte Agnes zu Arthur.

»Ah«, sagte Arthur, während er sich die Schnürsenkel aufknotete, »hat sie noch was gesagt?«

»Nein«, sagte Agnes, »sie hat nach dir gefragt und dann wieder aufgelegt.«

Arthur nickte. »Ich rufe sie gleich an.«

Agnes wartete neugierig.

Aber es kam weiter nichts.

»Arthur«, sagte sie schließlich, »wer ist Sylvia?«

Arthur sah auf.

»Meine Halbschwester«, sagte er.

Ohne daß Agnes es wollte, seufzte sie vor Erleichterung tief auf.

Arthur sah sie an und fing an zu lächeln.

»Komm her«, sagte er. Er streckte die Hand aus. Sie ging zu ihm und setzte sich neben ihn.

»Eifersucht ist eine Leidenschaft, die mit Eifer sucht, was Leiden schafft«, sagte er und streichelte ihr die Nase.

»Ich wußte nicht, daß du eine Halbschwester hast«, sagte Agnes gekränkt. »Ich weiß überhaupt so verdammt wenig von dir, Arthur.«

»Auf die Dauer erfährst du alles«, sagte Arthur. »Wir haben Zeit.«

»Ach ja?« fragte Agnes. »Haben wir Zeit?«

»Ja«, sagte Arthur, »Meere von Zeit.«

Das mußte gefeiert werden. Agnes beschloß beherzt, den Tee zu überspringen und sofort zum Muscadet überzugehen. Bei Wein und Essen erzählte Arthur ausführlich über die Zusammensetzung seiner Familie, imitierte drei Onkels und zwei Tanten – zum großen Entzücken vor allem von Daniel –, und schließlich gingen sie alle drei um neun Uhr ins Bett.

Am andern Morgen ging Arthur früh weg, sagte aber, er wäre zum Abendessen zurück.

Als sie allein in der Wohnung war, fing Agnes wieder an, über die Ohrringe zu grübeln. Sie nahm sie aus dem Etui und schaute sie lange an.

Dann tat sie sie weg und sagte sich, daß jetzt Schluß sein müßte und daß sie sich einen schönen Tag machen würde. Sie legte eine Platte auf und fing wie wild an, mitzusummen.

Eines Abends wurde Agnes vom Alkohol aggressiv und fing an zu streiten. Sie hatte die Ellenbogen kräftig auf den runden Tisch gepflanzt und sich gut dazu hingesetzt.

»Wenn du, Arthur Goudriaan, glaubst, daß du dir alles erlauben kannst, dann täuschst du dich gewaltig, Freundchen.«

Die Worte kamen plump und schwer aus ihrem Mund, aber das verächtliche »Freundchen«, womit sie jeden Satz beendete, gefiel ihr besonders.

Arthur ließ die Flut von Vorwürfen gelassen über sich ergehen wie einer, der im Regen auf die Tram wartet. Wofür er sich wohl halte? Das würde Agnes gerne mal erfahren. Und wie lange er hiermit weiterzumachen gedenke? Das würde Agnes gern mal wissen.

»Womit?« hatte Arthur gefragt.

»Mit allem, Freundchen«, rief Agnes, »mit allem... Du kommst und gehst, wann es dir paßt... Manchmal sehe ich dich wochenlang nicht. Ich hab es satt, Freundchen, satt!«

»Agnes«, sagte Arthur, »du bist betrunken.«

»Was hat das verdammt noch mal damit zu tun?« kreischte Agnes. »Dann bin ich eben betrunken... so what, Freundchen, so what!«

Sie wiederholte die Worte »so what« ungefähr noch achtmal, wobei sie immer lauter wurde. Arthur antwortete noch irgend etwas, aber sehr bald fand Agnes den Moment gekommen, ihm den Inhalt ihres Glases ins Gesicht zu schütten. Sie redete schon nicht mehr, sie weinte nur noch leise blökend. Der rote Wein tropfte von Arthurs Gesicht und ruinierte ihm das nagelneue Hemd. Er stand auf, ging in den Flur und zog sich den Mantel an. In der Türe winkte er ihr schweigend zu.

»Hau ab, hau ab, hau ab«, schrie Agnes überflüssigerweise.

Am nächsten Tag begab sie sich körperlich und seelisch geschwächt zur Vernissage von Willems Ausstellung. Jeder war da. Aber auch wirklich jeder. Arthur auch. Sie nahm sich vor, ihn zu ignorieren, aber irgendwann, als sie ihre Augen durch den Saal wandern ließ, begegnete sie doch seinem Blick. Er warf ihr mit geschlossenen Augen einen Kuß zu. Entschlossen wandte sich Agnes ab.

»Ich hab Arthur vor die Tür gesetzt«, sagte sie zu Bea, »gestern abend.«

»Das wurde Zeit«, sagte Bea. »Jetzt hart bleiben.«

Arthur blieb nicht lange. Als Agnes ihn eine Viertelstunde nach der Eröffnung zu suchen begann, merkte sie, daß er gegangen war.

Auch gut, dann kann ich mich entspannen, dachte Agnes. Sie bahnte sich mit beiden Ellbogen einen Weg zum Tisch mit den Getränken und ergatterte ein großes Glas Rotwein. Sie stieß dabei gegen Willem.

»Daß du hier bist, versöhnt mich mit allem«, sagte Willem und drückte sie an sich.

»Ach, Willem«, sagte Agnes, »lieber Willem, mein alter Kumpel«, und sie klopfte ihm auf den breiten Rücken. Nach ein paar Stunden begann der allgemeine Aufbruch.

»Bleibst du noch lange?« fragte Bea.

»Nur noch ein bißchen«, sagte Agnes. »Gehst du schon?«

»Ich muß mit Johan essen gehen«, sagte Bea, »in diesem lächerlichen Lokal in Vinkeveen.«

»Warum denn um Himmels willen dort?« fragte Agnes.

»Ich glaube, Johan hat dort geschäftlich zu tun, was weiß ich. Es ist ein typisches Fremdgänger-Restaurant, also von daher gesehen sehr passend.«

»Bestimmt ißt du wieder Gänseleber«, mutmaßte Agnes.

»Aaabsolut«, sagte Bea und verschwand.

Schließlich waren nur noch vier Menschen übrig. Willem, der Galerist, Agnes und ein betrunkener Fotograf.

»Wie fühlst du dich jetzt?« wandte sich Agnes an Willem.

»Leer«, sagte Willem und sah sich um. »Manchmal denke ich, ja, es ist was, aber heute zum Beispiel weiß ich wieder ganz genau, daß alles, was ich mache, Scheiße ist.«

»Quatsch«, sagte der Galerist.

»Ausstellen«, sagte Willem, »was für eine Hybris!«

»Quatsch«, wiederholte der Galerist.

»Wenigstens ist das Zeug schön gerahmt«, sagte Willem und zwickte Agnes in die Taille.

»Sollen wir noch irgend etwas unternehmen?« fragte Willem, als sie auf der Straße standen. Sie sahen dem betrunkenen Fotografen zu, der an seinem Auto herumfummelte.

»Können wir zulassen, daß dieser Mann fährt?« fragte Agnes. Der Fotograf hatte die Autotür aufgekriegt, sackte hinter das Steuer und blieb dort bewegungslos sitzen.

»Ich glaube, er wird gar nicht fahren«, sagte Willem. »Wenn du mich fragst, wohnt er drin. Sein Heim.«

Er schlang den Arm um Agnes, und sie gingen zusammen die Straße hinunter.

»Sollen wir nichts essen?« fragte Willem.

»Wo war eigentlich Thea?« fragte Agnes.

»Thea?«

»Ja, deine Thea.«

»Wußtest du das noch nicht? Thea hat mich eingetauscht, gegen einen Werbefritzen, einen *account executive.*« Willem sprach die englischen Worte übertrieben sorgfältig aus. »Sollen wir zum Griechen gehen? Ich lade dich ein. Schließlich hab ich Grund zum Feiern.«

Grund zum Feiern, dachte Agnes. Die letzten zehn Jahre hab ich eigentlich jeden Abend gefeiert.

Sie aßen beim Griechen. Ouzo als Aperitif, Wein zum Essen, Ouzo zum Kaffee. Als sie später an der Gracht entlanggingen, bestand Willem darauf, für Agnes das Duett aus den »Perlenfischern« zu singen. Es schallte von den Hausmauern. Agnes applaudierte. Willem ging auf sie zu und nahm sie in die Arme.

»Agnes«, murmelte er an ihrem Hals, »wir haben nur noch uns.«

»Ja, Willem«, sagte Agnes.

»Willst du heute nacht bei mir unterkriechen?« fragte er.

»In Ordnung«, sagte Agnes, »aber ich will kein Getue.«

»Was für Getue denn?«

»Verliebtheiten oder so Zeug«, sagte sie.

Willem dachte nach. »Nur vorher und während«, sagte er schließlich, »nicht danach, okay?«

»Ich nehm dich beim Wort«, sagte Agnes.

Bei Willem zu Hause war noch ein hübscher Rest Calvados, wovon Agnes ein einziges Gläschen trank, aber Willem hatte jetzt erst richtig Durst bekommen und schenkte sich andauernd selber ein. Später mußte ihm Agnes die Treppe zu seinem Schlafzimmer hinaufhelfen, wo er sich hintenüber aufs Bett fallen ließ.

»Ich bin bereit«, sagte Willem. »Ich gehöre dir.«

Sie zog ihm die Schuhe aus und streifte mit einer gewissen Mühe auch die Hose ab. Als sie sich an seinem Pullover versuchte, lag er bereits in tiefem, schwerem Schlaf.

Sie ging wieder hinunter und rollte sich auf Willems Sofa zusammen.

Regen weckte sie, das Geräusch von Regen an den Fensterscheiben. Es wurde langsam hell. Sie fror auf Willems Sofa, denn ihr Mantel, mit dem sie sich zugedeckt hatte, war auf den Boden geglitten. Sie stand auf und ging in die Küche. Nach einigem Suchen fand sie die Kaffeekanne hinter einem Stapel schmutzigem Geschirr, und in einem Küchenschrank machte sie den glücklichen Fund etlicher Filtertüten und einer angebrochenen Packung gemahlenen Kaffees. Sie erledigte Willems Abwasch und kochte Kaffee. Dann kam Willem herunter. Er setzte sich seufzend auf den Küchenstuhl.

»Sag mal, Agnes«, sagte er. »War ich sehr betrunken? Mein Gedächtnis ist auch nicht mehr das, was es mal war. Wie betrunken war ich?«

»Wie immer«, sagte Agnes.

»Ich meine...« Willem zögerte. »Äh... war ich *zu* betrunken?«

»Aber nein«, sagte Agnes.

»Ich meine... war ich zu betrunken, um...« sagte Willem.

»Du bist eingeschlafen in dem Moment, als du das Bett gesehen hast«, sagte Agnes.

»Das meinte ich«, sagte Willem. Er stützte die Ellbogen auf die Knie und nahm den Kopf in die Hände.

»Wie überaus beschämend«, murmelte er. »Gesunken im Anblick des Hafens. Oh, Agnes, wie schrecklich.«

»Ach, Willem, das macht doch nichts«, sagte Agnes. »Möchtest du Kaffee?«

»Ich möchte gerne Kaffee... aber noch lieber ein kaltes Bierchen. Schaust du bitte für mich im Kühlschrank nach, ob dort noch eine Flasche übriggeblieben ist?«

Agnes sah nach.

»Sogar zwei«, sagte sie.

»Für jeden eine«, sagte Willem.

»Nein, vielen Dank«, sagte Agnes, »mir ist es noch zu früh. Wo hast du die Gläser?«

»Ich trinke zur Strafe aus der Flasche«, sagte Willem.

»Weißt du noch, daß du an der Lauriergracht für mich gesungen hast?« fragte Agnes.

»Ja, das weiß ich noch. Fandst du es schön?«

»Sehr schön«, sagte Agnes.

Willem ließ das Bier schweigend in sich hineingluk-kern.

»Jetzt fühl ich mich schon etwas besser«, stellte er fest. »Was wirst du heute tun?«

»Heute nachmittag muß ich Daniel von der Schule abholen, und dann geh ich nach Hause. Warum kommst du heute abend nicht zu mir essen, Willem?«

»Meinst du wirklich?«

»Natürlich meine ich das wirklich. Sonst würde ich es doch nicht sagen?«

Willem öffnete das zweite Fläschchen.

»Ich hab dich eigentlich ganz furchtbar gern, weißt du?« sagte Willem. »Du bist ein echter Kumpel. Wie spät soll ich kommen? Sechs Uhr? Sieben Uhr?«

»Komm mal so um sechs«, sagte Agnes.

Willem trat ans Küchenfenster und sah hinaus.

»Es will einfach nicht Sommer werden«, sagte er. Dann drehte er sich entschlossen um, nahm Agnes fest in die Arme und begann sie leise keuchend zu küssen.

Agnes strich ihm übers Haar und sagte, als Willem kurz nach Luft schnappte: »Das läßt dir keine Ruhe, was? Komm mit.«

Sie nahm ihn bei der Hand und ging mit ihm die Treppe hinauf ins Schlafzimmer.

»Sonst bist du doch nicht zufrieden«, sagte sie und fing an, sich auszuziehen.

Willem zögerte.

»Ich will aber nicht, wenn du nicht willst«, sagte er.

»Schschscht«, machte Agnes und zog ihn aufs Bett.

Ein Kinderknäuel wälzte sich aus der Schule. Drängelnde und schubsende Knaben flogen links und rechts von Agnes die Straße hinunter. Nach einiger Zeit kam Daniel herausgeschlendert.

»Hallo, Schatz«, sagte Agnes.

»Hallo«, sagte Daniel, »was machen wir?«

»Nichts Besonderes, wir gehen nach Hause«, sagte Agnes.

Der Junge nickte.

»War's schön?« fragte Agnes.

»Wie immer«, sagte Daniel.

Ein kleines schwarzhaariges Mädchen ging vorbei.

»Hallo, Daniel!« rief sie über die Schulter.

»Wer ist das?« fragte Agnes.

»Titia«, sagte Daniel.

»Findest du sie nett?«

Er zuckte mit den Achseln.

»Es geht«, sagte er.

»Das fand ich aber ein sehr nettes Mädchen. Findet sie dich auch nett?«

»Weiß ich nicht«, sagte er.

Kopf hoch, Kopf hoch, Kopf hoch, dachte Agnes, alles entwickelt sich noch ganz prächtig, wenn wir nur Geduld haben.

Sie aßen Lammkotelett, und Daniel bekam ein Tartar, weil er Lammfleisch immer so fies fand. Die Lammkoteletts waren ein bißchen zäh geworden, und Willem und Agnes erörterten in aller Breite das Problem, ob man Koteletts von einem alten Lamm eher sehr lange oder gerade sehr kurz braten müsse. Willem entwickelte eine Theorie, derzufolge man bei zähem Fleisch nichts verbessern konnte, egal was man damit machte, es sei denn, man drehte es als Hackfleisch durch den Wolf, aber auch das war keine Garantie.

»Zähes Hackfleisch«, sagte er, »das ist wohl das Letzte. Hast du schon mal zähes Hackfleisch gegessen? Nein, dann noch lieber zähes Fleisch am Stück.«

Als Agnes ihm einen Cognac zum Kaffee anbot, lehnte er ab, denn er hatte sich vorgenommen, weniger zu trinken. Ab und zu ein Glas Wein, ja, das konnte nicht schaden, aber keine harten Sachen mehr für diesen Burschen hier. Sie sahen sich eine Kultursendung im Fernsehen an, und Daniel ging um neun ins Bett. Agnes fürchtete, Willem könne über Nacht dableiben wollen, besonders, als er aufstand, sich umsah und sagte: »Da hast du aber eine schöne Bleibe, Agnes.«

Agnes beschloß, am besten mit offenen Karten zu spielen.

»Hör mal, Willem«, begann sie.

»Keine Angst«, sagte Willem, »ich gehe gleich nach Hause. Ich bin nicht so blöd, wie ich ausschaue.«

Von seinem Verständnis wurde sie wieder so gerührt, daß sie ihn beinahe doch noch eingeladen hätte, über Nacht zu bleiben, aus einer Mischung von Schuldgefühl und Dankbarkeit. Um elf Uhr erhob er sich und sagte, daß er jetzt mal wieder weiter müßte. Er umarmte Agnes väterlich und sagte: »Adieu, Mädel. Ohren schön steif halten.«

»Adieu, lieber Willem«, sagte sie.

»Wir halten Kontakt, nicht wahr«, sagte Willem.

»Wir halten Kontakt«, wiederholte Agnes.

»Wir lassen uns nicht im Stich, oder?«

»Nein, Willem, wir lassen uns nicht im Stich.«

Er ging zur Tür, drehte sich um und sagte ein bißchen wehmütig lächelnd: »Irgendwann geht es noch mal ganz gut mit uns aus, hörst du.«

Agnes hörte ihn die Treppe hinuntergehen. Sie stellte sich ans Fenster und sah ihn die Straße überqueren. Als er hochblickte, winkte sie ihm. Er winkte zurück.

Lieber Willem, dachte sie, du hast es auch nicht so leicht.

An einem Mittwoch stand Agnes' Vater plötzlich vor der Tür, in seinen griesmehlfarbenen Wintermantel gewickelt, lang, ernst und sorgenvoll.

»Hallo, Mädchen«, sagte er. »Ich wollte mal nach dir sehen.«

Sein Unvermögen, bei solchen Sätzen zu lächeln wie andere Menschen, gab seinen Worten jedesmal den Charakter von Hiobsbotschaften.

»Hallo, Paps«, rief Agnes munter, »Kaffee? Zieh doch den Mantel aus.«

Ihr Vater knöpfte ihn umständlich auf, und Agnes nahm ihn, als er sich endlich herausgeschält hatte, in Empfang. Sie legte ihn unauffällig auf Daniels Bett, denn sie hörte im Geiste schon ihre Mutter bei seiner Heimkehr fragen: »Hat sie denn immer noch keine Garderobe?«

Ihr Vater setzte sich an den runden Tisch.

»Wir haben dich längere Zeit nicht gesehen. Du hast sicher viel zu tun?« sagte er.

»Gehabt«, rief Agnes aus der Küche. »Ich habe Willem bei seiner Ausstellung geholfen. Einrahmen und so.«

»Wer ist Willem?« fragte ihr Vater.

»Willem Lodenbrecht, der Maler. Du bist ihm schon mal begegnet, bei Daan und mir in der Wohnung, damals.«

»Ach?« sagte ihr Vater.

»Du hast mit ihm noch geredet. Über Zierikzee, in Zeeland. Weißt du noch?«

»Ach, der...« sagt ihr Vater, »ja, das weiß ich noch.«

»Fandest du ihn nett?« fragte Agnes und kam mit dem Kaffee aus der Küche.

»Ich glaub schon«, sagte er. Er schwieg ein Weilchen.

»Ist das dein neuer Freund?«

»Aber nein«, sagte Agnes, »*ein* Freund, nicht *mein* Freund.«

Ihr Vater nickte düster, auch wenn Agnes wußte, daß es nicht düster gemeint war.

»Trinkst du den Kaffee immer noch schwarz?« fragte Agnes.

»Ja«, sagte ihr Vater.

»Das trifft sich gut«, sagte Agnes, »die Kaffeesahne ist nämlich aus.«

»Brauchst du Geld?« fragte er und zog dabei die Augenbrauen hoch.

»Aber nein!« rief Agnes, »die Kaffeesahne ist einfach nur aus. So was kommt vor.«

Ihr Vater nickte.

Worüber sollen wir uns jetzt bloß unterhalten? dachte Agnes.

»Ich habe gesehen, daß weiter unten in der Straße ein Haus abgerissen wurde«, sagte ihr Vater, »wird da was Neues gebaut?«

»Ich glaube, sie stellen Appartements hin«, sagte Agnes, »es werden dauernd alte Häuser abgerissen.«

»Gibt es hier viele Hausbesetzungen?«

»Hier nicht. Ein paar Straßen weiter schon.«

Ihr Vater stand auf, ging ans Fenster und sah nach draußen.

»Wäre das nichts für dich, so ein Appartement? Neubau. Ist doch immer hübsch.«

»Die Mieten sind auch sehr hübsch, hab ich gehört«, sagte Agnes, »die kann *ich* nicht bezahlen.«

Ihr Vater schwieg und starrte nach draußen. Dann drehte er sich um. Jetzt kommt's, dachte Agnes. Halt dich fest.

»Wir können dir doch immer unter die Arme greifen«, sagte er.

»Ja, Paps, aber das will ich nicht. Das weißt du doch.«

Er setzte sich wieder hin und sagte: »Ja, das weiß ich. Aber ich sage es nur zu deinem Besten.«

»Ja, Paps«, sagte Agnes und streichelte seinen Ärmel.

»Triffst du Daan noch manchmal?« fragte ihr Vater.

»Regelmäßig«, sagte Agnes.

Ihr Vater nickte. Eine lange Stille folgte. Ihr Vater seufzte.

»Kind, es ist deine Sache«, sagte er. Zum erstenmal sah er sie an. Verzweifelt.

»Und dieser ... äh ...?«

»Arthur«, sagte Agnes, »den treffe ich auch noch immer. Unregelmäßig.«

Sie lächelte mit aller Überzeugungskraft, die in ihr war. Ihr Vater nickte wieder sein düsteres Nicken.

»Sag Mama, daß alles in Ordnung ist. Ich komme sehr gut zurecht«, sagte Agnes.

»Wir sehen dich so selten«, sagte er. Er stand auf. »Ich muß wieder los.«

Agnes holte seinen Mantel und sah zu, wie er sich langsam hineinhievte, wobei er seinen Schal mit dem Kinn festhielt. Dann fing er langsam und sorgfältig mit dem Zuknöpfen an.

Agnes schaute die ganze Zeit zu, als ob sie nichts von der Vorstellung versäumen wollte.

»Also ...« sagte ihr Vater schließlich. Er ging zur Tür. Agnes hielt ihm ihre Wange hin.

»Also versprich mir ...« brachte er mit einiger Mühe heraus, »daß du öfter bei uns hereinschaust.«

»Versprochen«, sagte Agnes, »am Sonntag komme ich mit Daniel essen, ist das gut?«

»Das ist prima, Mädchen«, sagte er erleichtert, »das wird deine Mutter freuen.«

Sie bekam einen zweiten Kuß, wie um die Sache zu besiegeln. Dann hörte sie ihn mit langsamen Schritten die Treppe hinuntergehen. Er wird alt, dachte sie, aber sie verbesserte sich sofort. Papa war immer alt gewesen.

Am Samstag hatte sie Arthur in der Kneipe getroffen. Die erste halbe Stunde hatte sie ihn ignoriert, aber das konnte sie aus praktischen Gründen nicht länger durchhalten, weil sie vom ostentativen Wegschauen schon einen steifen Hals bekam. Als er sich zu ihr setzte und sagte: »Dieser Wein damals, das war ein guter Jahrgang...«, fühlte sie ihren Widerstand dahinschmelzen.

»Es wurden nämlich auch schon schlechtere Jahrgänge in mein Gesicht geschüttet geworden geschenkt gewesen«, sagte Arthur.

Da hatte sie die Bescherung. Sie lachte.

Arthur erhob sein Glas und sagte: »Auf viele Jahre.«

»Arsch«, sagte Agnes. Aber sie kicherte dabei.

An diesem Sonntag hatten sie von halb zwölf bis halb drei gefrühstückt, erst mit Kaffee, aber so gegen halb eins hatte Agnes den ersten Weißwein aufgemacht, um den Brand zu löschen, denn tags zuvor war es spät geworden. Agnes hatte nach der allfälligen Versöhnung nicht allzu gierig wirken wollen, indem sie ihn sofort nach Hause abschleppte, und auf diese Weise hatten sie manch eine Kneipe von innen gesehen, bevor sie endlich in ihrem Bett lagen. Bei der zweiten Flasche fiel ihr ein, daß sie abends bei ihren Eltern essen sollte.

»Soll ich mitkommen?« fragte Arthur plötzlich.

Agnes errötete so sehr, daß sie schnell eine alte Erdnuß vom Boden auflas, um ihr Gesicht zu verbergen. Sie rief ihre Mutter an und fragte, ob Arthur ein Häppchen mitessen könnte.

»Arthur?« hörte sie ihre Mutter sagen. »Kind...«,

und nach einer Pause: »Aber ja! Je mehr Gäste ...«

Sag's nicht, dachte Agnes, sag's nicht.

»... desto schöner die Feste ...«

Es wurde ausgemacht, daß sie »angenehm früh« kommen sollten, um noch miteinander anzustoßen und ein wenig zu »sumpfen«. Bei diesem Wort, das Agnes selber nie verwendete, sah sie immer ein Moor vor sich, worin die Leute bis zum Kinn im Schlamm standen und beim Luftholen morastig blubberten.

Um halb fünf Uhr gingen sie los, Daniel vorneweg, Arthur und Agnes untergehakt hinterdrein. Der Wein hatte Agnes beflügelt und ihr das Gefühl gegeben, daß sie es, wenn nicht mit der ganzen Welt, so doch wenigstens mit Arthur, Daniel und ihren eigenen Eltern aufnehmen konnte.

Dies ist Arthur«, hatte Agnes gesagt. Gerade noch rechtzeitig hatte sie das Wörtchen »also« verschlucken können. Dies ist also Arthur, über den ihr schon soviel Schlechtes gehört habt. Dies ist also Arthur, gegen den ihr soviel einzuwenden habt. Dies also ist er.

Ihre Mutter hatte vor Aufregung rote Bäckchen. Ihr Vater sah mit angemessener Verzweiflung drein. Nur der Suff kann uns noch retten, dachte Agnes.

»Setzt euch, ihr jungen Leute«, sagte ihr Vater. Und was er also anbieten dürfe. Agnes entschied sich für Sherry, Arthur und ihr Vater für Genever. Daniel durfte Oma in der Küche bei den Häppchen helfen. Mit Spannung erwartete man den Eröffnungszug.

»Wie alt ist dieses Haus nun eigentlich?« fragte Arthur ihren Vater.

Volltreffer, dachte Agnes. Häuser, Wohnen, Bauen, Mieten, Hypotheken, Zuschüsse – das waren die Themen, über die ihr Vater stundenlang reden konnte.

Dieses Haus wurde 1934 erbaut, erzählte ihr Vater. Als man noch bauen konnte.

»Sagen Sie das ruhig laut!«

Gut so, Arthur. Weiter so. Weiter so.

Ah, Herr Goudriaan war also auch dieser Ansicht.

Arthur, bitte.

Also Arthur.

»Die Türen in unserem alten Haus, das auch in den dreißiger Jahren gebaut wurde, waren *so* dünn«, Arthur zeigte es mit Daumen und Zeigefinger. »Und überhaupt nicht verzogen. Kerzengerade und fest.«

Gewässertes Holz.

Genau. Das verwendete man damals noch.

Jawohl.

Prost!

Prost.

»Wenn man nun bedenkt...«, sagte Agnes' Vater und lehnte sich bequem zurück, »wenn man also bedenkt, daß sie im Jahr 1947...«

Agnes konnte ruhigen Gewissens aufstehen. Arthur machte das schon. Sie ging in die Küche, um ihrer Mutter zu helfen.

»Ich habe panierte Fleischbällchen«, sagte ihre Mutter unsicher.

»Prima«, beruhigte Agnes.

Sie umkreisten einander. Wie findest du Arthur?

Kind, er ist gerade erst hereingekommen, was soll ich da sagen?

Aber dein erster Eindruck.

Ich muß ihn erst näher kennenlernen.

Ja, aber findest du ihn nicht nett?

Kind, das weiß ich doch noch nicht.

Dies alles wurde nicht ausgesprochen.

Man beschloß, Daniel mit den Fleischbällchen, den Erdnüssen und dem Salzgebäck auf einem Tablett hineinzuschicken. Ihre Mutter sollte sich dort gemütlich hinsetzen und Agnes wollte ihr einen kleinen Sherry einschenken.

Arthur und ihr Vater standen am Fenster.

»Schau mal, dort drüben«, sagte ihr Vater, »dort standen genau solche Häuser wie diese hier. Abgerissen. Und sieh dir an, was sie an deren Stelle gesetzt haben.«

Brav kickte Arthur diese Vorlage ins offene Tor.

»Abscheulich.«

»Greift zu«, sagte Agnes' Mutter und wies auf die Fleischbällchen.

»Ha!« sagte Arthur und rieb sich die Hände.

Nicht übertreiben, Arthur.

Ah, wie dumm! Da hatte sie doch die Servietten vergessen. Und vielleicht mögen Sie ja auch Senf dazu.

Du, bitte, Arthur, und *du*. Ja, ein bißchen Senf...

Daniel wußte, wo alles war.

Die Servietten. Der Senf. Noch ein Gläschen?

Sehr gern.

Arthur beherrschte die Lage. Bei Tisch merkte Agnes, daß ihre Mutter langsam ihre Steifheit verlor. Die Stimmung lockerte sich. Ihr Vater wurde immer ernster, was ein sicheres Zeichen dafür war, daß er sich wohlfühlte. Er und Arthur gingen die kommunale Bauordnung durch. Was daran falsch war. Sie waren sich über das, was unbedingt geschehen mußte, vollkommen einig. Zwei liebe Kinderchen, die zusammen im Sandkasten spielten. Um halb zehn wurde es für Daniel Zeit, ins Bett zu gehen, weshalb sie an den Aufbruch dachten. Während Agnes im Flur ihren Mantel anzog, nahm ihr Vater Arthur noch einmal mit zum Bücherschrank, um ihm etwas zu zeigen.

Agnes' Mutter blieb neben ihr stehen.

»Jetzt kann ich verstehen«, sagte sie leise, »jetzt kann ich verstehen, was du an ihm findest. Er taugt nämlich nichts.«

»Nein. Zum Glück nicht.«

Agnes lachte.

»Sei vorsichtig. Ich kenne solche Männer.«

»Ja, Mama.«

»Onkel Leo war genauso.«

»Onkel Leo?«

»Kind, wenn du wüßtest...«

Ihre Mutter lachte nervös. Dann kamen Arthur und ihr Vater in den Flur, gefolgt von Daniel.

Auf dem Heimweg hatte Agnes geschwiegen. Arthur und Daniel hatten eine angeregte Diskussion über Tim und Struppi geführt und waren schließlich übereingekommen, daß *Schwarzes Gold* die schönste Geschichte war.

Als Daniel schlief, saßen sie sich im Wohnzimmer gegenüber. Ein bißchen Weißwein war noch übrig.

»Magst du noch Wein?«

»Ich will keinen Wein. Nimm nur. Ich will was Stärkeres.«

Agnes nahm einen Cognac.

Und die ganze Zeit über wollte sie fragen: »Wie findest du meine Eltern?«, aber sie traute sich nicht. Sie saßen in einer unangenehmen gespannten Ruhe da und tranken.

Nachts wachte sie plötzlich auf. Ihre Gedanken waren wirr. Eine unbestimmte Angst beschlich sie. Sie lag ganz still auf dem Rücken und atmete vorsichtig. Sie starrte in die Dunkelheit und sah, wie es langsam hell wurde. Auf der Straße hörte sie Fußgänger, Autos, startende Mopeds. Auf einen Ellbogen gestützt blickte sie im Zimmer umher. Ihre Kleider, Arthurs Kleider und der Bücherstapel neben ihrem Bett. Sie griff neben sich.

»Arthur«, flüsterte sie, »Arthur, wach auf.«

Arthur drehte sich um und fragte: »Was ist denn los?«

»Ich weiß es nicht.«

»Was weißt du nicht?«

Sie spürte einen Kloß im Hals und schaute in Arthurs Gesicht, mit weit offenen Augen.

»Was weißt du nicht?« fragte Arthur und schob sich neben sie.

»Arthur«, sagte sie, »plötzlich weiß ich nicht mehr, wie es weitergehen soll.«

»Komm her«, sagte Arthur. Er nahm ihren Kopf in seine Hände und legte ihn sich auf die Brust. Und schon ging es los. Sie weinte ein halbe Stunde lang, lautlos, und die ganze Zeit hielt Arthur sanft ihren Hinterkopf fest und sagte zum Glück nichts und fragte zum Glück nichts. Schließlich schlief sie in dieser Haltung ein. Sie wachte erst auf, als Daniel längst in die Schule gegangen war. Arthur saß an ihrem Bettrand. Er hatte das letzte Ei gekocht, das noch im Kühlschrank war, und eine Scheibe Brot in der Pfanne getoastet. Er streichelte ihre Füße, die unter dem Deckbett herausschauten, und deklamierte: »An Ihren Füßen sind zehn Zehen. Gegrüßt! Wir müssen weitergehen. Han G. Hoekstra, Gesammelte Gedichte.« Und er zwinkerte ihr zu.

Es geht schon wieder, dachte Agnes, verdammt noch mal, es geht schon wieder.

Zehn Tage lang hatte Agnes keinen Tropfen getrunken. Aber am elften Tag kam Bea zu Besuch und hatte beschlossen, daß Agnes dringend mal raus mußte. Johan fuhr geschäftlich nach Gent und wollte ein langes Wochenende an der belgischen Küste dranhängen. Ein kulinarischer Ausflug. Erinnerte sie sich noch an Bert, mit dem sie sich damals so nett unterhalten hatte? Als sie in Broek in Waterland zusammen gegessen hatten? Also der fuhr auch mit. Es wäre schön, wenn Agnes mit von der Partie wäre. Johan bezahlte alles, Geld war kein Problem. Bea fand, es wurde Zeit, daß Agnes auch mal den Umgang mit andern Menschen lernte als mit diesen künstlerisch angehauchten Habenichtsen, die unentwegt bei ihr aus und ein gingen. Es war ja alles schön und gut, aber wollte sie etwa ewig arm wie eine Kirchenmaus bleiben? Und dieser Bert hatte eine Bombenkarriere vor sich. Er war Direktor einer Beraterfirma, die innerhalb eines Jahres vom Einmannbetrieb auf ein Unternehmen mit acht Angestellten angewachsen war.

»Und Bert findet dich nett, das weiß ich zufällig«, sagte Bea.

»Das ehrt mich aber«, sagte Agnes.

»Und du findest Bert auch sehr nett«, sprach Bea streng.

Es traf sich gut. Daniel fuhr mit Daan eine Woche nach Texel, daher hatte Agnes die Hände frei.

»Ja, aber...«, Agnes zögerte, »worauf läuft es genau hinaus?«

»Einfach so... ein Wochenende lang Essen, Trinken und Lachen.«

»Ja, schon, aber dieser Bert und ich... äh... worauf läuft es da genau hinaus?«

»He, Tante«, sagte Bea irritiert, »du kannst doch mal sehen, wie sich alles entwickelt? Du mußt nichts, du darfst alles!«

Agnes ließ sich überreden. Zwar fand sie es eine ziemlich merkwürdige Unternehmung, tröstete sich aber mit dem Gedanken, daß sie vielleicht etwas erleben würde, worüber sie noch jahrelang mit ihren Freunden in der Kneipe lachen konnte.

»Es gibt nur ein Problem«, sagte Agnes.

»Es gibt überhaupt kein Problem. Was für ein Problem denn?«

»Was soll ich anziehen?«

Bea inspizierte Agnes' Kleiderschrank.

»Hast du denn gar nichts Schickes?«

Nein, hatte Agnes nicht.

Also gut, dann eben dies hier und das da, und diese Schuhe, zeigte Bea.

Am nächsten Tag wurde ein Kleid gebracht und Lederstiefel. Ein Kärtchen lag dabei: *Ich freu mich drauf, dich Freitag darin zu sehen. Bert.*

Da haben wir die Bescherung schon, dachte Agnes. Trotzdem zog sie das Kleid an und betrachtete sich im Spiegel. Dann setzte sie sich aufs Sofa und dachte lange und tief nach.

Laß ich mir das gefallen, oder zeige ich Charakter?

Sie beschloß, Kopf oder Zahl zu werfen. Es wurde Kopf. Also Charakter. Ja, aber dann mußte sie auch gleich die ganze Reise absagen. Da würde Bea aber toben!

»Ach, was macht es schon aus«, entschied sie, »dann eben mal ein Wochenende ohne Charakter.«

Sie warf die Münze noch einmal hoch. Zahl. Und noch einmal, the best of three. Wieder Zahl. Gut, dieser Punkt war auch erledigt.

In Gent mußten die Herren ein paar Stunden Geschäfte machen. Um vier Uhr wollten sie Bea und Agnes in der Kneipe treffen.

»In welcher Kneipe?«

»Bea weiß Bescheid.«

Sie schlenderten durch die Stadt, schauten hier und da rein. Um drei Uhr waren sie schon beim ersten Weißwein. Bea hatte der Bequemlichkeit halber eine ganze Flasche bestellt, einen Sancerre. Beim ersten Schluck mußte Agnes an den Witz vom Weinhändler denken, der auf dem Sterbebett seine Söhne heranwinkt und ihnen sagt, er wolle ihnen vor seinem Tod noch ein großes Geheimnis verraten. Die Söhne beugen sich über ihn, und der Sterbende flüstert: »Wein macht man auch aus Trauben.«

So also schmeckt guter Wein, dachte Agnes. Wie wunderbar. Bea trinkt also die ganze Zeit mit Johan solchen Wein. Als die Herren kamen, waren sie gerade dabei, eine neue Flasche zu bestellen. Man beschloß, diese zweite erst in Knokke, dem Ziel der Reise, von einem anderen Ober in einem anderen Lokal öffnen zu lassen. Agnes saß schwindlig hinten im Mercedes.

Ihr Durst war groß, als sie in Knokke ankamen. Im Hotel paßte sie einen Moment lang nicht auf, und bevor sie sich's versah, waren zwei Doppelzimmer bestellt. Doppelzimmer? Mußte sie da nicht protestieren? Nachträglich noch ein Einzelzimmer verlangen? Ach, dachte sie, was macht es schon aus. Notfalls schlafe ich auf dem Fußboden, oder auf einem Stuhl.

Sie aßen im Restaurant Olivier, und zu Agnes' Erleichterung floß der Wein reichlich. Johan brachte es fertig, eine Flasche zurückzuschicken, weil der Wein seinen Höhepunkt zu weit überschritten habe, wie er sagte, und Agnes wunderte sich, daß sie nicht vor Scham in den Boden versank. Bin ich jetzt auch schon verseucht? dachte sie.

Nach dem Essen beschloß man, im Hotel noch einen Schlaftrunk zu nehmen. Agnes hatte den Zustand erreicht, in dem sie eigentlich alles großartig fand. Bea? Patentes Mädchen. Johan? Könnte viel schlimmer sein. Und Bert? Netter Mann. Vielleicht ein bißchen viel Aftershave, was ihr vor allem beim Essen lästig gewesen war, aber sonst war an ihm kaum etwas auszusetzen. Er hatte eine nette Stimme. Das war doch schon etwas. Und sympathische Hände. Ich konzentriere mich einfach auf seine Hände. Und auf seine Stimme. Irgendwann gingen Bea und Johan nach oben.

»Ich möchte gern noch einen Calvados. Geht das?« fragte Agnes.

Natürlich. Und ob das ging! Bert hatte angefangen, ihr kleine, subtile Komplimente zu machen. Er bot ihr von sich aus immer wieder zu trinken an. Er fragte sie, ob sie nicht Lust hätte, öfters solche Wochenenden mit ihm zu verbringen. Nächsten Monat zum Beispiel mußte er nach London. Kannte sie London? Nein? Dann zeige ich dir London! Er streichelte ihre Schulter.

Es dämmerte schon, als sie endlich in ihrem Zimmer

landeten. Sie waren beide ein bißchen betrunken und kicherig.

»Ich lege mich ans Fenster«, sagte Agnes. Sie zog sich schnell aus und kroch unter die Decke. Durch ihre Wimpern sah sie, wie Bert mit stoßenden und zerrenden Bewegungen die Kleider vom Leib zog wie ein Fell. Seine hellblaue Unterhose behielt er an. Er kam auf das Bett zu. Er war ganz rosig. Er setzte sich auf den Bettrand und streichelte sie. Seine Hände waren eiskalt, wie die von einem Arzt. Als er sie um die Taille faßte und ein bißchen anhob, dachte Agnes: Im Griff von König Winter. Sie konnte ihr Lachen gerade noch unterdrücken. Bert küßte ihre Arme und schnappte dabei wie ein Karpfen. Dann nahm er ihr Gesicht zwischen seine Hände und stülpte seinen Mund um den ihren. Sein Schnurrbart kitzelte sie in den Nasenlöchern. Er hatte die Augen geschlossen. Agnes behielt die ihren offen und sah aus der Nähe Berts Haarimplantat. Kann das Licht bitte aus? dachte sie. Aber es war die Sonne.

Es dauerte ein Weilchen, bevor Agnes erkannte, wo sie war, aber nachdem sie nachgedacht hatte, wußte sie wieder, daß sie sich in Knokke befand, in einem Hotelbett. Sie schaute neben sich. Jawohl. Bert. Der Aftershavekönig. Er schlief noch. Sie stand vorsichtig auf und ging ins Bad. Während sie die Wanne vollaufen ließ, setzte sie sich auf den Rand und überlegte. »What is a nice girl like you doing in a place like this?« sagte sie leise.

Sie schlich ins Zimmer zurück und fand noch eine angebrochene Schachtel Zigaretten in ihrer Handtasche. Bert seufzte im Schlaf. Sie legte sich ins Bad, mit der Zigarette im Mund und dem Aschenbecher in Reichweite.

Sie beschloß, es sich noch ein Weilchen mit anzusehen.

Sie stieg aus dem Bad, zog sich an und ging nach unten, wo sie Bea in der Halle traf.

»Ist es bei euch spät geworden?« fragte diese.

»Ja«, sagte Agnes lächelnd, »sehr spät.«

»Kater?«

»Auch.«

»Wo ist Bert?«

»Der schläft noch.«

Agnes merkte ganz gut, daß Bea liebend gerne mehr erfahren hätte, aber so kurz nach dem Aufwachen war sie nie sehr gesprächig, und außerdem waren ihre Erinnerungen an die letzte Nacht ziemlich verschwommen. Vage wußte sie noch, daß Bert mit ihr allerlei vorgehabt hatte, aber daß ihm der Alkohol böse Streiche gespielt hatte, so daß er schließlich seine Versuche seufzend abgebrochen hatte und kaum, daß er ihr den Rükken zugedreht hatte, in einen komaähnlichen Schlaf gefallen war.

Nun kam auch Johan die Treppe herunter und erklärte händereibend, gleich werde man ordentlich frühstücken.

»Bert schnarcht wohl noch?« fragte er, »dann werde ich ihn jetzt mal aus dem Nest klingeln.«

Eine Viertelstunde später saßen sie zu viert am Frühstückstisch. Bert war bleich und leicht nervös.

Hab ich nun mit dir geschlafen oder nicht? fragten seine Augen.

Nein, Bert. Zuviel Cognac, antwortete Agnes im Geist.

Sein Aftershave waberte wieder in aller Heftigkeit über den Tisch. Man besprach, was man an diesem Vormittag tun wollte. Bea wollte wieder in den entzückenden kleinen Laden reinschauen, wo sie sich das letzte Mal auf Johans Rechnung die Handtasche hatte aussuchen dürfen. Bert rückte neben Agnes.

»Laß uns für dich was Hübsches zusammen kaufen«,

sagte er. Er berührte sie vorsichtig, als ob er Angst hätte, sich die Finger zu verbrennen.

»Was würdest du denn gerne haben?«

»Die Kronjuwelen«, sagte Agnes, »aber noch viel lieber...«

»Ja?« fragte Bert gespannt.

»Ein kaltes Bierchen«, flüsterte sie.

»Im Ernst?«

»Es ist mein voller Ernst.«

Bea und Johan gingen auf die Suche nach dem entzückenden kleinen Laden, Bert und Agnes gingen in die andere Richtung. Beim Lunch sollten sie sich wieder treffen, Bert wußte, wo.

»Oder, Bert?«

»Ja, klar.«

Agnes bekam ihr Bierchen. Bert sah wohlwollend zu, wie sie trank, und rührte dabei in seinem Kaffee.

»Noch eins?« fragte er lächelnd, als sie austrank.

»Noch eins«, sagte Agnes.

Ach, er ist gar nicht so übel, dachte sie nach dem zweiten Bier. Sie verließen das Café, und Agnes erklärte, sie würde sich gerne Knokke ansehen. Bert blieb häufig mit ihr vor Schaufenstern stehen, aber Agnes hatte beschlossen, an diesem Tag weder Geld noch Gut anzunehmen.

»Willst du denn wirklich gar nichts haben?« fragte Bert zum Schluß verzweifelt.

»Nein, heute brauchen wir nichts«, sagte Agnes. Sie gab sich Mühe, ihn an- und nicht auszulachen, wußte aber nicht, ob es ihr gelungen war. Im Lauf des Vormittags merkte sie, daß ihre Taktik der einseitigen Abschreckung nicht funktionierte. Bert fand sie nur immer interessanter. Er hält mich für jemand mit Charakter, dachte sie, aber wenn ich wirklich welchen hätte, stünde ich nicht hier. Ziellos herumschlendernd verbrachten sie die Zeit bis zum Lunch.

»Hier, was ich von Johan geschenkt habe!« sagte Bea und hob ein paar schlangenlederne Stiefel hoch.

Geschenkt bekommen habe, verbesserte Agnes im Geist und mußte an Daniel denken.

»Phantastisch!« sagte sie.

Beim Lunch sprach man über allerlei Dinge, über die sie sich im Leben noch nicht eine Stunde den Kopf zerbrochen hatte. So erfuhr sie zu ihrer Verblüffung, daß man bestimmte Speisen absolut nicht mehr essen konnte, weil sie vollkommen *out* waren. Auch ganze Städte wurden von Johan, Bea und Bert mit größter Wonne auf den Müll geworfen, weil sie total aus der Mode gekommen waren. Nizza zum Beispiel, Nizza ging wirklich nicht mehr, hörte sie. Sie kam sich vor wie Alice im Wunderland und fühlte sich immer unbehaglicher. Vor allem die Verbissenheit, mit der sich Bea in diese geliehene Welt stürzte, machte sie sehr nervös. Mit Bea hatte sie immer über alles lachen können, aber hier trennten sich ihre Wege. Als man beschloß, am Abend ins Casino zu gehen, schien Agnes der Moment gekommen, ihr Leben wieder fest in die eigenen Hände zu nehmen.

»Glaubst du, ich könnte Daniel von hier aus kurz anrufen?« fragte sie Bea.

Natürlich konnte sie das. Sollte Bert das für sie regeln? Nein, nein, sie kam alleine zurecht. Sie ging in die Toilette und saß da längere Zeit mit dem Kopf auf den Knien. Es war ihr ein bißchen schlecht, aber nicht vom Essen.

Als sie zurückkam, täuschte sie eine leichte Panik vor.

»Daniel ist krank geworden«, sagte sie, »ich muß sofort nach Hause.«

Es war eine faule Ausrede, aber sie mußte zusehen, daß sie hier wegkam. Sie beschwor Bea, mit beiden Herren doch in Knokke zu bleiben, denn Johan hatte vorgeschlagen, daß sie alle zusammen nach Hause fahren sollten. Als nächstes wollte Bert sie mit einem Taxi auf seine Kosten nach Hause bringen lassen, aber Agnes beschloß, mit diesem Taxi nur bis nach Vlissingen zu fahren und von dort aus den Zug zu nehmen. Und den Zug würde sie selbst bezahlen. Soviel Geld hatte sie noch bei sich.

»So ein Blödsinn«, hatte Bea gesagt, als sie einen Augenblick allein waren. »Bert kann das doch für dich bezahlen?«

»Nein«, sagte Agnes, »das will ich nicht. Das Taxi ist schon schlimm genug.«

»Du spinnst«, stellte Bea fest.

Als sie an diesem Abend spät nach Hause kam, sog sie mit Behagen die feuchte Luft des alten Gemäuers ein. Sie sah sich um. »Was für eine Bruchbude, lieber Gott, aber was für eine Freiheit!« Die vier Wände ihres Wohnzimmers, die im Leben oft so drohend auf sie zugekommen waren, schienen sie jetzt herzlich zu umarmen.

Daniel kam tatsächlich krank und matt von Texel zurück, Agnes hatte also in dieser Beziehung gar nicht gelogen. Sie steckte den Jungen sofort ins Bett, redete anstandshalber noch ein bißchen mit Daan, aber nicht lange, weil er es wieder nicht lassen konnte, nach einer baldigen Wiedervereinigung zu gieren, worauf Agnes mit halb gespielter Ermüdung sagen konnte: »Daan, bitte, verschwinde jetzt, ja?«

Und Daan verschwand.

Sie setzte sich auf Daniels Bettrand. »Mein lieber Bleichschnabel«, sagte sie, »wie siehst du denn aus! War's wenigstens schön mit Daan auf Texel?«

Der Junge nickte. Agnes wußte, daß er erst im Lauf der nächsten Wochen ab und zu, und dann nur häppchenweise, Auskunft über die Ferientage mit seinem Vater geben würde. Sie beugte sich über ihn, und an der Art, wie er seine Arme um sie schlang, merkte sie, daß er sie vermißt hatte. Er fühlte sich fiebrig an. Agnes ließ ihn Fieber messen. Achtunddreißigneun.

»Bleibst du bei mir?« fragte der Junge leise. Agnes schleppte Zeitungen und Zeitschriften in sein Zimmer und machte es sich auf dem Fußende gemütlich. Nach einer halben Stunde glitt er in Schlaf. Sie machte leise die Vorhänge zu und ging auf Zehenspitzen aus dem Zimmer.

»Wo hast du denn die ganze Zeit gesteckt?« fragte Arthur, als er an diesem Nachmittag zu ihr kam. Ich sag's ihm einfach, dachte Agnes.

»Bea wollte mich verkuppeln. An einen Mann mit Geld.«

»Ach...« sagte Arthur, »an einen normalen Menschen. Und... war es nach Wunsch?«

»Nein«, sagte Agnes, »ich bin dafür völlig ungeeignet. Oh, Arthur, es war so schlimm. Wir waren in Knokke. Es sollte ein kulinarisches Wochenende werden. Na ja, ich hab auch gut gegessen, aber diese Leute... dieser Johan und dieser Bert und auch Bea... Arthur, ich wußte gar nicht, daß es solche Leute gibt.«

Arthur lächelte.

»Du weißt, wie ich über Bea denke«, sagte er.

»Nicht so gut, glaube ich?«

Arthur zündete sich eine Zigarette an.

»Wie soll ich sagen? Ich denke eigentlich überhaupt nichts über Bea. So denke ich über sie.«

»Sie hat auch ihre netten Seiten, Arthur.«

»Nette Seiten. Kann sein. Nette Seiten. Wie ein Paket. Hier oben.«

Er blies eine Rauchwolke an die Decke.

»Also läßt sie sich noch immer von diesem Johan aushalten?«

»Na, na...« sagte Agnes.

»Und dieser Bert? Der war für dich gedacht? Mußtest du mit ihm ins Bett?«

»Das war glaube ich mehr oder weniger die Absicht, aber es kam nicht dazu. Ich bin geflohen. Ich habe angeblich telefoniert und gehört, daß Daniel krank war, und dann bin ich geflohen. Arthur, halte mich bitte ganz kurz fest.«

Sie hockte sich neben ihn. Arthur hielt sie fest.

»Warum mache ich immer solche idiotischen Sachen?« fragte sie. Arthur antwortete nicht. Er hob ihren Kopf und schaute sie lachend an.

Aber Bert war sie deshalb noch nicht los. Er kam jetzt öfter in die Kneipe und setzte sich ab und zu an den Tisch, wo Agnes mit Freunden saß.

»Dies ist Bert.«

Er schmiß viele Runden und erwarb sich dadurch eine gewisse Popularität. Besonders Willem kam recht gut mit ihm aus, und eines Tages hörte Agnes, wie die beiden einen Termin ausmachten. Bert wollte Willems Bilder anschauen.

»Atelierbesuch?« fragte Agnes, als Bert weg war.

»Atelierbesuch«, sagte Willem und zündete sich eine Zigarette an.

Eine Woche später saß sie allein in der Kneipe, als Bert hereinkam.

»Wir müssen bald mal zusammen essen«, sagte er. Zum Glück kam Willem in diesem Augenblick zu ihnen und setzte sich daneben, so daß sie keine Antwort geben mußte. Und da kam Arthur.

»Dies ist Bert.«

Arthur stellte sich vor.

Als Bert an die Theke ging, um etwas zu trinken zu holen, beugte sich Arthur zu Agnes hinüber und fragte leise: »Knokke?«

Agnes nickte. Zu ihrem Entsetzen wurde sie feuerrot.

Arthur lachte sich eins. Als Bert wieder an ihren Tisch zurückkam, begann er mit ihm ein Gespräch.

Willem setzte sich neben sie und sagte: »Er hat mir ein Bild abgekauft, hast du schon gehört?«

»Nein«, sagte Agnes, »wie schön.«

»Ich mußte es persönlich in seinem Büro aufhängen. Hinter dem Schreibtisch. Er ist ein patenter Knabe, findest du nicht?«

»Jawohl«, sagte Agnes und wurde wieder rot, aber Willem sah es nicht. Später an diesem Abend nahm Bert sie alle mit zum Italiener. Beim Kaffee sagte er leise zu Agnes: »Was ist das für ein Typ, dieser Arthur? Ich blicke bei ihm nicht durch.«

»Ich auch nicht«, sagte Agnes. Wahrheitsgemäß, wie sie für sich feststellte.

»Er blickt bei dir nicht durch«, erzählte Agnes, als sie mit Arthur nach Hause ging.

Arthur lachte.

»Hat er das gesagt?«

»Ja. Das hat er gesagt. Hast du ihn arg in die Mangel genommen?«

»Aber nein. Nur wollte er die ganze Zeit über Kunst reden, wo ich doch alles über seine Beraterfirma wissen wollte. Aber darüber wollte *er* wieder praktisch kein Wort verlieren, es sah so aus, als ob er sich ein bißchen für diesen Beruf schämte. Es war sehr amüsant. Aber in die Mangel habe ich ihn wirklich nicht genommen.«

Sie standen vor Agnes' Tür.

»Weißt du, was er noch gesagt hat?« Arthur lachte.

»Daß du ein ›verflucht interessantes Weibsbild‹ seist. Er an meiner Stelle würde sich sehr um dich bemühen. Und genau das werde ich jetzt tun.«

Da wurde Agnes zum dritten Mal ganz rot.

Alles kam zusammen. Daniel brachte einen Brief von der Schule mit, in dem Geld für den Ausflug verlangt wurde, was Agnes gerade noch zusammenkratzen konnte – mit viel Kleingeld –, dann sperrte man ihr das Telefon ab, und zu allem Überfluß weigerte sich ihr Kaufmann an der Ecke, noch weiter Kredit zu geben.

»Mädchen«, hatte er gesagt, »es ist in deinem eigenen Interesse! Sonst läuft es viel zu hoch auf, und dann kommst du überhaupt nicht mehr nach.«

Etwas mußte geschehen. Bea bekam noch viele hundert Gulden, fiel also weg, von ihren Eltern nahm sie grundsätzlich nichts, und ehe sie Arthur um Geld bat, biß sie sich lieber die Zunge ab.

Daan. Daan war der einzige, der übrigblieb.

Sie ging in die Kneipe und traf ihn hinter der Theke.

»Daan», sagte sie, »du mußt mir helfen. Ich bin vollkommen blank.«

»Was für ein Zufall«, sagte Daan, »ich auch.«

»Es ist nicht meinetwegen. Es ist wegen Daniel«, sagte sie.

Sie setzte hinzu: »Dein Sohn.«

Wie ekelhaft, dachte sie. Wie erniedrigend.

Daan erhob sich schweigend und begann, am anderen Ende der Theke Gläser zu polieren. Nach einiger Zeit kam er zurück.

»Hör mal, Agnes«, sagte er, »ich hab für Daniel was zurückgelegt. Für später. Ich kann dir was leihen, aber das muß ich wiederhaben. Wieviel brauchst du?«

»Viel«, sagte Agnes grimmig.

»Wieviel?«

Agnes dachte schnell nach. Mit fünfzehnhundert Gulden konnte sie all ihre Schulden bezahlen und wäre vorläufig aus dem Schneider. »Dreitausend«, hörte sie sich zu ihrer Verwunderung sagen.

Daan schwieg und putzte die Theke.

»Wann krieg ich die zurück?« fragte er endlich.

Agnes schaute aus dem Fenster. Irgend etwas muß ich sagen, dachte sie.

»In einem Jahr.«

»Das kostet mich die Zinsen von einem Jahr!« rief er.

»Dann bekommst du es in einem Jahr mit Zinsen zurück«, sagte Agnes. Wo ich das in einem Jahr hernehme, wird man schon sehen, und die Zinsen können dann auch gleich dazu, dachte sie.

»Mir wäre es lieber, du würdest jeden Monat etwas zurückbezahlen«, sagte Daan, »ich kenne dich. Sobald du Geld hast, juckt es dir in den Fingern, du verjubelst es, und ich schau in den Mond.«

»Das ist auch gut«, sagte Agnes, »wieviel ist das dann pro Monat?«

»Dreitausend geteilt durch zwölf.«

»Daan, du weißt, daß ich nicht rechnen kann.«

»Deshalb hast du auch nie Geld.«

In diesem Augenblick kam ein Mädchen in die Kneipe. Sie hatte eine Igelfrisur, die eine Hälfte orange, die andere kastanienbraun. Sie ging direkt zur Theke, beugte sich vor und küßte Daan saugend auf den Mund.

»Hallo, Danny«, sagte sie in der ersten Atempause. Dann setzte sie sich an einen Fenstertisch.

Agnes guckte.

Wie machen Frauen das bloß, dachte sie, so mit ihrem Hintern zu wackeln. Warum hat mir das nie jemand beigebracht?

Sie wandte sich wieder an Daan.

»Danny?« sagte sie fragend, »heißt du gegenwärtig Danny?«

»Agnes«, sagte Daan, »es wäre mir äußerst angenehm, wenn du dich hier raushieltest.«

»Entschuldige«, sagte Agnes unterwürfig.

Daan konnte getrost ein halbes Stündchen weg, und sie gingen zusammen auf die Bank.

»Du willst sicher Hunderter?« fragte Daan.

Agnes nickte lächelnd. Auf der Straße küßte sie ihn auf die Wange.

»Nun versuch doch mal, etwas vernünftiger zu leben«, sagte Daan, »du denkst niemals an die Zukunft. Lebst immer in den Tag rein.«

»Ja, Daan«, sagte Agnes.

Sie standen sich am Randstein gegenüber.

»Ich liebe dich«, sagte Daan auf einmal heiser und ging schnell weg.

Agnes betrat das Postamt und bezahlte die Telefonrechnung mit einer Zahlkarte.

Auf dem Museumsplein nahm sie ein Taxi in die Pieter-de-Hoochstraat und bat den Chauffeur zu warten. Bei der Inkassoabteilung versprach man ihr, das Telefon noch am selben Nachmittag wieder anzuschließen. Sie setzte sich wieder ins Taxi und ließ sich zum Leidseplein chauffieren. Als sie bezahlt hatte, sagte der Taxifahrer: »Frollein... das ist viel zu viel. Soviel Trinkgeld reicht mir schon«, und gab ihr einen Fünfguldenschein zurück. Ertappt nahm Agnes ihn entgegen. Langsam und gemächlich schlenderte sie die Leidsestraat hinunter, unterwegs zu Bea, die bei Metz & Co. arbeitete. Die Schulden bei ihr wollte sie zuerst bezahlen. Danach wollte sie Daniel von der Schule abholen und zum Kaufmann an der Ecke gehen. Aber Ecke Prinsengracht blieb sie stehen. Sie ging die paar Schritte zurück und betrat Dikker & Thijs. Hinter einem grauhaarigen Herrn im Kaschmirmantel wartete sie, bis sie an die Reihe kam.

»Gnädigste?« fragte das Mädchen hinter der Theke.

Und Agnes kaufte wie eine Wahnsinnige Delikatessen ein.

An diesem Nachmittag stand Agnes etwas früher vor Daniels Schule als sonst und kam mit einer anderen wartenden Mutter ins Gespräch. Mit der Mutter von

Jelle, der, wie die Frau versicherte, in Daniels Klasse ging. Agnes hatte Daniel noch nie ein Wort über Jelle reden hören, aber das sagte an sich nichts, weil er praktisch nie etwas über seine Klassenkameraden erzählte. Hier ist alles Gold, was glänzt, dachte Agnes, als sie die Frau neben sich aus den Augenwinkeln musterte. Tatsächlich war die Dame mit allerlei goldnem Zierrat an Hals und Armen reich behangen, der bei jeder Bewegung leise klimperte, wie Glöckchen am Weihnachtsbaum. Und ihr Kopf roch nach Friseur. Seit ihrer frühen Jugend hatte Agnes im Grunde nie mehr mit einer richtigen Dame gesprochen. Dies hier war eine.

Die Frau sprach beherzte Prosa und scheute auch vor drei, vier festen Überzeugungen nicht zurück. Agnes begriff, daß diese Schule nur dank ihrer unermüdlichen Anstrengungen ein letztes Bollwerk der einzig richtigen Unterrichtsmethode geblieben war.

»Und welches Instrument erlernt Ihr Sohn?« fragte die Frau plötzlich.

Die Frage überfiel Agnes.

Instrument? dachte sie, was soll denn das schon wieder?

Die Dame wollte wissen, was Agnes für Daniels musikalische Bildung tat.

Eigentlich nichts, mußte Agnes rundheraus bekennen.

Ah, da machte sie aber einen großen Fehler, erläuterte die Dame. Denn es gehörte zu einer guten Erziehung. Agnes sah, daß sie bei diesen Worten einen tadelnden Blick auf Agnes' ausgebleichte Bluejeans warf. Ein Kind, sagte die Frau, mußte ganz einfach ein Instrument erlernen.

»Und sei's auch nur Blockflöte«, sagte sie.

Sie sprach den Namen dieses Instruments aus, als ob sie darüber eigentlich die Nase rümpfte. Schüchtern gelobte Agnes Besserung und sagte, sie wolle Daniels musikalische Bildung künftig stärker in die Hand nehmen. Die Schulglocke läutete. Als die Kinder herauskamen, paßte Agnes scharf auf, welches von ihnen wohl Jelle war.

»Hallo, Schatz«, hörte sie die Dame sagen und sah, wie sie klimpernd auf einen Jungen zuging. Es war ein elender Bengel mit einem ältlichen Gesicht, der jetzt schon aussah wie später in seiner Midlife-Crisis. Auch registrierte sie einige Mitesser auf Jelles Nase.

»Möchtest du eine Blockflöte?« wollte Agnes von Daniel wissen, als sie durch den Vondelpark nach Hause gingen.

Der Junge sah verblüfft zu ihr auf.

»Warum denn?« fragte er.

»Na ja...« begann Agnes unsicher, »es ist vielleicht nett, ein bißchen Musik zu machen und ein Instrument zu lernen...«

»Pfui Teufel!« rief der Junge, »sicher so wie Jelle! Auf einer Geige herumquietschen?«

»Quietscht er?« fragte Agnes hoffnungsvoll.

»Na und wie!« rief Daniel und verdrehte komisch die Augen, worüber Agnes so lachen mußte, daß sie sich zur Erholung kurz auf eine Parkbank setzte.

»Erzähl, erzähl... wann spielt er denn auf seiner Geige?« wollte sie wissen.

Es stellte sich heraus, daß einer der Lehrer eine Musik-AG gegründet hatte, die ab und zu bei Klassennachmittagen Kostproben ihres Könnens ablegte. Jelle spielte Geige, Titia (»Aber die fandest du doch nett?« – »Es geht«) und eine gewisse Florentine spielten Blockflöte, und der Lehrer hatte das Klavier übernommen.

»Und dabei zuzuhören, ist das nicht schön?« fragte Agnes.

»Agnes«, sagte der Junge feierlich, »es ist scheußlich.«

Sie mußte wieder lachen.

»Und Jelle...? Mit seiner Geige?«

Der Junge stöhnte.

»Kann er etwa gar nicht Geige spielen?«

»Nein«, sagte Daniel, »er kann es überhaupt nicht.«

Erleichtert beschloß Agnes, daß Daniel kein Instrument zu lernen brauchte.

»Es gibt schon viel zuviel Lärm«, sagte sie.

Sie verließen den Vondelpark Hand in Hand, wie zwei alte Kameraden.

»Ich hab was für Daniel«, sagte Daan in der Kneipe, »ein Geschenk.«

Er ging zur Garderobe und zog ein längliches Päckchen aus seinem Mantel.

»Was ist denn da drin?« fragte Agnes, als er es zwischen die Weingläser auf ihren Tisch legte.

»Eine Blockflöte«, sagte Daan, »es schadet nichts, wenn er ein Musikinstrument lernt.«

»Meine Güte«, sagte Agnes, »du hast mit der Mutter von Jelle gesprochen.«

Daan errötete.

»Sie hat dir auch weisgemacht, daß es zu einer guten Erziehung gehört.«

»Na ja...« sagte Daan, »ich dachte...«

»Hör mal«, sagte Agnes, »natürlich gebe ich sie Daniel in aller Liebe, aber an deiner Stelle würde ich nicht zu fest drauf bauen, daß er auch spielt.«

»Du kannst ihn doch ein bißchen stimulieren?«

»Ich tu mein Bestes«, sagte Agnes.

Daan bezog wieder Posten hinter dem Zapfhahn, und Bea sprang in die Bresche. Sie überzeugte Agnes von der Notwendigkeit von Daniels musikalischer Bildung. Nachdem sie eine halbe Stunde auf Agnes eingeredet hatte, fühlte diese sich plötzlich so sehr als Rabenmutter, daß ihr der Wein nicht mehr schmeckte. Sie floh nach Hause.

Nachts kam Arthur. Agnes kredenzte Wein im Bett.

»Arthur«, sagte sie, »warum verlangen Menschen immer alles mögliche von einem? Warum soll ich dies und jenes tun, nur weil es sich so gehört?«

»Meinetwegen mußt du gar nichts tun«, sagte Arthur.

»Hast du früher Blockflöte gespielt?«

»Natürlich.«

»Und? Wie war es?«

»Scheußlich.«

»Danke dir«, sagte Agnes und küßte ihn auf die Brust.

»Könntest du mir ungefähr grobinhaltlich sagen, wovon dieses Gespräch handelt?« fragte Arthur.

»Nein«, sagte Agnes.

»Dann ist es gut«, sagte Arthur, »gib mir dann bitte noch einen Wein.«

Der Tag hatte verkehrt angefangen. Agnes hatte beim Frühstück die Teekanne fallen lassen, beim Käseschneiden für Daniels Brot war ihr das Messer ausgerutscht, und sie hatte sich wieder tief und blutig in die Hand geschnitten. Sie fuhrwerkte mit Papiertaschentüchern herum, weil sie kein richtiges Verbandszeug hatte, während Daniel rief, sie solle sich mal beeilen, weil er sonst zu spät in die Schule käme. Wütend hatte sie zurückgeschrien, daß er alt genug sei, sich selber Frühstück zu machen, und daß sie Kinder in seinem Alter kannte, die ihrer Mutter morgens den Tee ans Bett brachten, worauf Daniel schließlich türenknallend abgezogen war, worauf sie sich genötigt fühlte, ihm aus dem Fenster noch was Liebes auf die Straße nachzubrüllen, wobei sie schon merkte, daß sie sich erkältete. Daniel hatte ihr als Antwort nur wütend die Zunge herausgestreckt. Agnes sah ihm nach, bis er ums Eck gebogen war. Dann beschloß sie, daß es einer dieser Tage war, an denen ein anständiger Mensch im Bett bleibt.

Aber das Bett – schien ihr plötzlich – stank und schrie nach frischen Laken. All ihre Laken waren schmutzig.

In den letzten Wochen war sie nicht in den Waschsalon gekommen. Sie zog sich an und kaufte ein paar Straßen weiter wütend vier rosa Bettücher. Als sie endlich im schönen neuen Bettzeug lag, ging es ihr etwas besser. Sie schloß die Augen und fiel verbissen in Schlaf. Da ging das Telefon. Es war Daan, der sie daran erinnerte, daß ihre erste Rate fällig war. Die Zinsen hatte er auch fein säuberlich für sie ausgerechnet. Sie versprach, es ihm noch heute zu überweisen.

»Eiterbeule«, sagte sie böse, nachdem sie aufgelegt hatte.

Vielleicht half ein Kaffee, dachte sie. Als sie in der Küche stand und Wasser aufgoß, klingelte es an der Tür. Sie öffnete die Wohnungstür, Schlimmes befürchtend. Es war Bea, mit Bert im Kielwasser. Sie hatte sein Aftershave schon gerochen, bevor sie ihn sah.

»Grade hab ich Kaffee gemacht«, sagte Agnes, »möchtet ihr einen?«

»Ich nicht«, sagte Bea, »ich muß sofort wieder weg. Ich wollte dir nur dieses Buch zurückbringen.«

Sie schälte es aus ihrer Handtasche.

»Bitte schön«, sagte sie.

»Aber das hatte doch gar keine Eile«, sagte Agnes.

Warum war Bea so sonderbar? dachte sie. Was führte sie im Schilde?

Bea ging tatsächlich sofort wieder weg.

»Tschüß, Liebes, bis bald«, rief sie an der Tür, und Agnes hörte ihre zierlichen Absätze die Treppe hinunterklappern.

Und wer saß dick und fett auf dem Sofa, überlebensgroß in ihrem Salon, die Füße breit auf den Boden gepflanzt? Bert.

Das war Beas Absicht. Bert hier absetzen.

Agnes spürte eine große Wut aufsteigen.

Plötzlich hatte sie eine Idee.

»Ja«, sagte sie, »ich muß dann auch mal wieder fort.«

Sie ging mit dem vagen Vorsatz zur Tür, sich dort

umzudrehen und zu sagen »War nur ein Scherz«, aber statt dessen merkte sie, wie sie die Tür öffnete und ihre Beine sie die Treppe hinuntertrugen. Erst im Café an der Ecke kam sie wieder zum Stillstand. Gut versteckt schaute sie aus dem Fenster und sah Bert kurz darauf aus dem Haus kommen. Er sah sich verblüfft um, stieg endlich in seinen Volvo und fuhr weg.

Daniel war noch immer ein bißchen sauer auf sie, als er am Nachmittag aus der Schule kam.

»Es tut mir leid«, sagte Agnes schuldbewußt, »ich hätte dich heute früh nicht so anschreien dürfen.«

»Du bist ein alter Sack«, sagte Daniel.

»Frauen sind keine alten Säcke«, sagte Agnes.

»Du schon«, dekretierte Daniel streng.

Da mußten sie glücklicherweise beide lachen.

Abends kam Arthur.

»Ich bin traurig«, sagte er.

»Was hast du denn?« fragte Agnes.

»Ich habe Schmerzen«, sagte er.

»Wo denn?«

Arthur zeigte nach unten.

»Was ist damit?«

»Ich habe eine Entzündung an meinem Seiten-Ei«, sagte Arthur feierlich.

»Ach, solange es nicht das Haupt-Ei ist«, sagte Agnes.

Im Bett stellte sich heraus, daß Arthurs Leiden Folgen hatte. Er bat Agnes, ihm möglichst fern zu bleiben, denn jede Art von Zärtlichkeit verursachte ihm Schmerzen.

»Au, au, au«, stöhnte er, als Agnes ihn streichelte.

Schließlich küßte ihn Agnes keusch auf die Stirn und legte sich so weit wie möglich von ihm schlafen.

Herrlich, dachte sie. Er kommt jedenfalls nicht nur deswegen.

Nach drei Tagen hatte Arthur erklärt, er sei gesund, dank Agnes' hervorragender Pflege. Hastig und nachlässig hatte er mit ihr geschlafen, um anzudeuten, daß er wieder schmerzfrei lieben könne, und war verschwunden. Agnes hatte ihn wohl schon zehn Tage nicht mehr gesehen.

Sie ging mit Daniel zum Abendessen zu ihren Eltern. Im Fernsehen lief an diesem Abend ein Film, man beschloß, Daniel dürfe aufbleiben, um ihn zu sehen, und dann übernachten.

Agnes hielt es aus bis zum Mokka einschließlich. Danach erstickte sie fast. Sie erfand eine wichtige Verabredung im Zusammenhang mit einer eventuellen neuen Arbeit und floh nach draußen.

In der Kneipe atmete sie auf. Es waren noch ein paar angeschickerte Leutchen da, Überreste einer Schnapsrunde.

»War Arthur hier?« fragte sie Daan so nebensächlich wie möglich.

»Nein«, sagte Daan, »den hab ich schon sehr lange nicht mehr gesehen.«

Agnes hörte sich zu ihrer Verwunderung Whisky bestellen. Den trank sie eigentlich nie. Offenbar hatte sie rasche Betäubung nötig.

Nach einer Stunde füllte sich die Kneipe. Agnes saß vor ihrem vierten Whisky. Gerade hatte sie sich mit einem jungen Mann unterhalten, den sie flüchtig kannte, aber schon nach fünf Minuten langweilte sie sich so sehr, daß sie ihn erfolgreich von ihrem Tisch wegschwieg. In ihrem Kopf setzte Nebel ein. Als sie ihren fünften Whisky bestellte, merkte sie, daß sie ihre Zunge nicht mehr unter Kontrolle hatte.

Mann, dachte sie, ist das aber schwierig.

Plötzlich stand Bert an ihrem Tisch.

»Darf ich mich zu dir setzen?« fragte er.

»Natürlich.« Agnes hatte auch ihre Stimme nicht mehr unter Kontrolle, sie flüsterte, wodurch ihre Antwort ungewollt intim klang.

»Es tut mir leid, daß ich dich neulich so überfallen habe«, sagte Bert.

Agnes sah seinen treuen Hundeblick und fühlte Gewissensbisse darüber, daß sie ihn neulich so schlecht behandelt hatte.

»Nein«, sagte sie mit schwerer Zunge, »es tut mir leid, daß ich einfach so aus der Wohnung gegangen bin und dich dort hab sitzenlassen. Das hätte ich nicht tun dürfen.«

»Ach, das macht doch nichts«, sagte Bert.

»Doch, doch, das macht sehr viel. Ich hätte es nicht tun dürfen.«

»Ist nicht schlimm.«

»Ist wohl schlimm«, sagte sie hartnäckig.

»Möchtest du noch was trinken?« fragte Bert.

»Ja«, sagte Agnes, »noch einen Whisky.«

Wo laß ich den, dachte sie.

Bert hatte angefangen, ihre Haare zu streicheln. Sie ließ es geschehen.

Er nahm ihre Hand. Sie ließ es geschehen.

»Ich mag dich sehr, sehr gern«, sagte Bert und drehte den Kopf, um ihren Blick zu erhaschen.

Agnes lachte ihm verschwommen zu.

Sie sah sein Gesicht nicht mehr scharf. Nur noch einen hellen Fleck.

»Ich hab nichts gegen dich«, sagte sie zu diesem Fleck.

Er streichelte ihre Schenkel. Sie ließ es geschehen.

»Ich bin ein bißchen betrunken«, gestand sie.

»Macht nichts«, sagte Bert.

Sie stand auf.

»Muß mal aufs Klo.«

Als sie aus der Toilette kam, fing die Kneipe an, sich zu drehen. Der Fußboden hob sich.

Bert kam zu spät, um sie noch aufzufangen.

»Hast du dir weh getan?« fragte er und half ihr wieder auf die Beine.

»Nein«, sagte Agnes, »ich will nach Hause.«

»Komm«, sagte er. »Ich bring dich.«

Im Vordersitz von Berts Auto sank sie in einen halb bewußtlosen Zustand. Es drang nur noch vage zu ihr durch, was geschah. Sie registrierte wohl, daß sie nicht wegfuhren. Bert fing an, sie anzufassen, als würde er sie durchsuchen. Ab und zu spürte sie seine Lippen auf ihren.

»Nicht doch«, sagte sie automatisch. Wieder fing alles an, sich um sie herum zu drehen. Bert hatte ihre Bluse aufgenestelt und streichelte eine Brust. Agnes kam es so vor, als liege sie in Narkose auf einem Operationstisch. Als er eine Hand in ihre Hose zwängte und zwischen ihren Beinen herumfummelte, dachte sie, sie wäre wieder im Kreißsaal, und der Arzt wäre dabei, sie zu untersuchen.

»Nein«, protestierte sie leise, »nein.«

Daraufhin schlief sie ein.

Sie wurde von einem rhythmischen Schnaufen neben sich geweckt.

Sie schaute hinüber und sah zu ihrem Schrecken, daß Bert sein Glied aus der Hose geholt hatte und dabei war, sich einen runterzuholen.

»Entschuldige«, keuchte er, »aber ich hab's nicht länger ausgehalten.«

Agnes war schlagartig nüchtern. Sie drehte den Kopf weg und kniff die Augen zu. Sie versuchte mit aller Macht, taub zu sein.

Das Schnaufen neben ihr ging in eine Art Schnauben über und endete mit einem Schluchzer. Als sie sich wieder hinzuschauen traute, sah sie, wie er mit einem Papiertaschentuch hantierte.

Bert drehte den Zündschlüssel um, startete den Wagen und fuhr sie schweigend nach Hause.

»Es tut mir leid«, sagte er mit gesenktem Kopf, als sie vor ihrer Tür hielten.

Agnes stieg aus.

»Das macht nichts«, sagte sie, »fahr mal schnell nach Hause.«

»Es tut mir leid«, sagte Bert wieder.

»Gute Nacht«, sagte Agnes und machte die Autotür zu.

Unten an ihrer Treppe begann sie laut zu fluchen, und das tat sie noch, als sie schon längst in ihrem Bett lag.

Agnes fand, es hätte in der letzten Zeit zu viele Tiefpunkte in ihrem Leben gegeben.

Das mußte sich ändern.

Sie hatte das dringende Bedürfnis nach Übersichtlichkeit. Klarheit. Zu viele Schmuddeltage zogen sich durch ihr Leben.

Und wie immer, wenn sie in dieser Stimmung war, veranstaltete sie zuerst ein ausgedehntes Bad. Sie ließ die Seife großzügig schäumen und schrubbte alles so gründlich wie möglich von sich ab: Arthur, Bea, Bert, Daan und die Kneipe. Danach kam die Wohnung dran. Der Morgen verging mit Putzen, Schrubben, Aufwischen. Sie richtete ihr Wohnzimmer neu ein. Das Sofa an die Stelle des Sessels, den Tisch gerade statt schräg, das Bücherregal auf die andere Seite. Im Schlafzimmer rückte sie das Bett mit der Längsseite an die Wand. Es kam ihr vor, als würde sie sich auf ein langes, einsames Überwintern einrichten, und das, obwohl das Frühjahr gerade erst begonnen hatte.

Du bist allein, hielt sie sich vor, und vorläufig wirst du das auch bleiben. War das denn so schlimm? Aber nein, nein. Daniel war doch da? Wir werden es uns schön gemütlich machen.

Was Arthur anging: der konnte kommen, wenn er wollte. Aber sie würde nicht länger auf ihn warten. In diesem Zusammenhang fiel ihr ein Ausspruch von einem Onkel ein, der immerfort sagte: »Kommt er heut nicht, kommt er morgen!« Genauso war es.

Als hätte er es geahnt, rief Arthur am Nachmittag an, um anzukündigen, daß er an diesem Abend kommen werde. Arthur kündigte seine Besuche sonst niemals an. Agnes holte tief Luft und sagte, daß sie abends nicht da wäre.

»Bleibst du die ganze Nacht weg?« fragte Arthur verblüfft.

»Ja«, sagte Agnes fest.

»Und was machst du?« wollte er wissen.

»Ich übernachte«, fabulierte Agnes. »Bei Freunden.«

»Bei wem denn?«

»Die kennst du nicht.«

Agnes wunderte sich über sich selbst. Bis dato hatte sie sich nur kleine Notlügen gestattet, um einen Mitmenschen nicht vor den Kopf zu stoßen, noch nie hatte sie so schamlos gelogen wie jetzt. Sie hatte sogar kurz vor dem Auflegen so flockig wie möglich gesagt: »Tschüß, wir sehen uns!« – wie zu einem flüchtigen Bekannten auf der Straße.

Verbrenne ich jetzt etwa alle Schiffe hinter mir? überlegte sie. Na ja, auch gut. Komme, was da mag. Es war ein weinerliches Gefühl, das sie bei dem Gedanken beschlich, Arthur womöglich nie wieder zu sehen. Daran durfte sie gar nicht denken, und deshalb dachte sie auch nicht mehr daran. Sie zwang sich dazu.

Daniel war von den Veränderungen in der Wohnung sichtlich überrascht. Sie hatte sein Zimmerchen auch aufgeräumt und zeigte ihm alles bei einer kleinen Führung.

»Hier liegen künftig deine T-Shirts, hier deine Unterhosen, hier deine Socken.«

Seine Comics lagen ordentlich gestapelt, das Bücherbrett war abgestaubt, die Bücher standen tadellos in Reih und Glied, sein Bett war wie mit dem Lineal gemacht.

»Wow«, sagte Daniel und sah sich um.
Dann schaute er Agnes an.
»Danke dir«, sagte er.
Das hätte er lieber nicht sagen sollen. Agnes sah sich gezwungen, aufs Klo zu flüchten, um ihren Tränen freien Lauf zu lassen. Danke dir, sagt er – der liebe Schatz –, für etwas, das ganz normal sein müßte: ein Zimmer, das von Zeit zu Zeit aufgeräumt wird. Oh, Gott, Daniel, alles wird künftig anders, das verspreche ich dir!

Zwei weitere Tage widmete sie der Vervollkommnung ihrer Säuberungstätigkeit, sie schraubte endlich eine neue Birne in die Flurlampe, sie kaufte einen zugegeben ziemlich häßlichen Klorollenhalter, auch bemächtigte sie sich einer Seifenschale, die man an den Rand der Badewanne hängen konnte, und kaufte für Daniel ein großes Badetuch mit der Aufschrift *His*, eine Anschaffung, die sie beinahe weinend vor Rührung getätigt hatte.
Danach kaufte sie große Mengen gesunden Essens. Sie nahm sich hoch und heilig vor, jeden Morgen Orangensaft zu pressen. Dosen- und Tiefkühlkost kamen ihr überhaupt nicht mehr über die Schwelle. Nur noch Frischkost.
Und kein Alkohol.
Nein, kein Alkohol.
Am dritten Tag konnte das neue Leben beginnen.
Agnes hatte sich vorgenommen, in Zukunft zu Hause zu bleiben. Hier spielte sich das wahre Leben ab. Ein ruhiges, sinnerfülltes Leben. So viele Bücher mußte sie noch lesen. Und abends ließ sich durchaus bei einigem Hin- und Herschalten gelegentlich noch etwas Annehmbares im Fernsehen finden. Was wollte ein Mensch, verdammt noch mal, eigentlich mehr?

Sie kuschelte sich in die Sofaecke mit einem klassischen Meisterwerk auf dem Schoß und begann brav zu lesen.

Von Zeit zu Zeit warf sie einen Blick auf das Telefon, wie man ab und zu auf die Uhr schaut.

Sie wußte, was es geschlagen hatte.

Die Tage vergingen. Nichts geschah. Agnes kam sich vor wie ein Segelschiff in der Flaute. Sie dümpelte durch die Woche. Morgens kaufte sie ein, nachmittags las sie, und abends sah sie mit Daniel fern. Danach ging sie zur selben Zeit wie er ins Bett, wo sie noch ein Stündchen las, bis ihr die Augen zufielen. Von dem Augenblick an, da sie den fehlenden Schlaf der letzten Jahre nachgeholt hatte, war sie jeden Abend um halb zehn Uhr der Erschöpfung nahe.

Zu ihrer Verwunderung klingelte auch das Telefon nicht mehr, wo sie sich doch so vorgenommen hatte, auf alle möglichen Vorschläge nein zu sagen. Nicht einmal diese Charakterstärke mußte sie aufbringen. Sie hatte wohl jeden Tag das unruhige Gefühl, auf irgend etwas zu warten. Las sie eine Illustrierte und sah hoch, wunderte sie sich manchmal einen Augenblick, daß sie zu Hause saß, so stark war die Einbildung, im Wartezimmer beim Zahnarzt zu sitzen und auf ihren Aufruf zu warten. Daniel zeigte auch plötzlich die Merkmale eines normalen Kindes. Er kam zum Beispiel eines Tages mit seiner Klassenkameradin Titia an. Ob sie mittags einen Happen mit ihnen essen dürfte. Daniel hatte sich bisher noch nie länger als fünf Minuten mit einem Altersgenossen abgegeben.

Agnes schmierte Butterbrote und wärmte Suppe auf, sie goß Milch in Becher, wie eine richtige Mutter.

»Möchtest du vielleicht noch ein Brot, Titia?«

»Gerne, Frau de Jager.«

Agnes hörte sich selber verwundert zu. Sie sagte sogar Sätze wie »Hast du denn noch Geschwister, Titia?«

Später hörte sie Daniel wie einen Wasserfall reden,

als sich die beiden in sein noch immer aufgeräumtes Zimmer zurückgezogen hatten. Sie brachte es fertig, nicht an der Tür zu horchen. Zum ersten Mal schien Daniel zufrieden. Nicht glücklich. Zufrieden. Ganz gut für den Anfang, dachte Agnes. Weiter so.

Es kam sogar vor, daß sie schon morgens am Kochtopf stand, genau wie ihre Mutter immer, die bereits um zehn Uhr früh das Schmorfleisch briet.

Es hatte für Agnes vorläufig den Reiz des Neuen. Irgendwann würde es ihr sicher langweilig werden, aber im Moment betrachtete sie es als ein nettes Spiel. Ein Theaterstück, das sie mit ihrem Sohn zusammen aufführte. Ich wäre die Mutter, und du wärst das Kind, okay? Sie hatte drei Flaschen Rotwein und vier Flaschen Weißwein im Haus, und es verschaffte ihr jeden Tag ein Gefühl des Triumphs, daß sie sie nicht öffnete. Sie trank Mineralwasser gegen den Durst und ab und zu ein teures Glas Tomatensaft, um sich was Gutes zu tun. Den Wein hob sie auf für Besuch.

Aber es kam kein Besuch.

Arthur ließ auch nichts von sich hören. Sie dachte so wenig wie möglich an ihn. Jeden Tag eine Stunde, meist vor dem Schlafengehen. Arthur war eine schöne und zugleich schmerzhafte Erinnerung.

In der schmutzigen Wäsche fand sie ein T-Shirt von ihm. Sie roch daran. Es roch nicht nach Arthur, es roch nach schmutzigem T-Shirt und war durchzogen vom feuchten Geruch ihrer ältlichen Wohnung. Als Daniel eines Tages ankündigte, er dürfe diese Nacht bei Titia übernachten, fand Agnes die Zeit für ein Experiment gekommen. Sie ging in die Kneipe mit dem festen Vorsatz, nicht zu trinken. Es gelang. Wahrhaftig, es gelang, stellte sie nach zwei Stunden fest. Sie hatte zu diesem Zeitpunkt acht Glas Apfelsaft getrunken. Dabei machte sie die Entdeckung, daß sie mühelos acht Glas Wein trinken konnte, ohne daß ihr Magen rebellierte, während dieselbe Menge Apfelsaft einen spontanen Anfall von Diarrhöe verursachte.

Sie saß mit Willem am Tisch und sah ihn langsam betrunken werden. Bei seinem zehnten Glas Wein merkte sie, wie er geistig langsam von ihr fortdriftete. Willem, bist du noch da? Aber Willem war weit, weit weg.

Dann kam Arthur herein. Sie erschrak weniger heftig, als sie erwartet hatte. Sie war gerade dabei, nach Hause zu gehen, beschloß dann aber, noch zu bleiben.

»Was ist das?« fragte Arthur und deutete auf ihren neunten Apfelsaft. Sie erklärte ihm, daß sie vorläufig eine Weile nicht mehr trinke.

Das ließ Arthur aufhorchen.

Als sie sagte, daß sie jetzt mal heimwärts gehen würde, bot Arthur an, sie dort abzusetzen.

»Hast du etwa ein Auto?« fragte Agnes. Aber es war nur ein Fahrrad.

Sie gingen bis zu ihrer Wohnung, wobei Arthur das Fahrrad schob.

Als sie sah, daß er Anstalten machte, es abzuschließen, sagte Agnes: »Wenn du es nicht schlimm findest, sag ich dir hier Adieu.« Sie gab ihm einen raschen Kuß auf seinen verblüfften Kopf und floh ins Haus.

Kaum war sie oben, ging die Klingel.

Sie öffnete das Fenster.

»Was ist denn los?« rief Arthur hinauf. »Bist du mir böse?«

»Nein«, sagte Agnes.

»Was ist es dann?«

»Nichts.«

Arthur schüttelte verwundert den Kopf.

»Daß du nicht trinkst, ist ja sehr schön«, sagte Arthur, »aber das heißt doch noch lange nicht, daß du in Zukunft auch als Nonne leben mußt?«

Agnes lächelte hinunter.

»Schwester Agnes grüßt dich«, sagte sie und schloß das Fenster.

Dann mußte sie sich einen Augenblick auf ihrem Sofa erholen, überwältigt von soviel Willenskraft.

Flüchtig erwog sie, eine Flasche Wein zu öffnen, um dies zu feiern, aber dann beschloß sie, einfach ins Bett zu gehen.

Als sie in die Dunkelheit starrte, kam sie sich vor wie jemand, dem man gerade einen Zahn gezogen hatte.

Agnes erwachte morgens um Viertel nach sieben von einem ungewohnten Geräusch. In seinem kleinen Zimmer neben ihrem Schlafzimmer hörte sie Daniel leise singen. Sie hielt den Atem an. Sie horchte auf das Rascheln seiner Kleider beim Anziehen und auf das Plätschern des Wasserhahns. Er wäscht sich das Gesicht, stellte sie verblüfft fest. Das Singen ging in Pfeifen über. Sie hörte, wie er in die Küche ging. Sie mußte aufstehen und ihm Frühstück machen, aber sie blieb wie gelähmt liegen.

Wenig später kam er in ihr Zimmer und balancierte auf dem Brotschneidebrett eine Tasse Tee und einen Zwieback mit Honig.

»Tut mir leid«, sagte Daniel, »der Zwieback ist mir zerbrochen.«

»Das macht doch nichts«, sagte Agnes, »du bist ein Schatz. Womit hab ich das verdient?«

Daniel beugte sich statt einer Antwort zu ihr vor und gab ihr einen Kuß über das Auge.

Agnes nahm das Brotschneidebrett in Empfang und setzte es auf ihrem Nachttisch ab.

»Komm her«, sagte sie und zog den Jungen an sich.

»Versprichst du mir was?« flüsterte sie mit der Nase an seinem Hals.

»Was?« fragte Daniel.

»Wirst du immer, immer so gut riechen?«

Als sie später, nachdem Daniel in die Schule gegangen war, das Brotschneidebrett in die Küche brachte, nahm sie sich vor, jetzt endlich auch ein richtiges Tablett anzuschaffen.

Das vergaß sie sofort wieder, als sie an diesem Morgen ihre täglichen Besorgungen machte, aber sie kaufte einen Blumenstrauß und eine Blumenvase in Form eines riesigen Cognacglases. Zu Hause arrangierte sie die Blumen darin und betrachtete das Ganze zufrieden aus der Wohnzimmerecke.

Vielleicht wird alles irgendwann noch gut, dachte sie. Durchhalten. Weitermachen. Nichts mehr schleifen lassen. Das war die Losung.

Es war Freitag. Das Wochenende stand vor der Tür.

Daan rief an. Ob es gut wäre, daß er Daniel von der Schule abholte und ihn dann zu seinen Eltern in Schoonhoven mitnahm. In Ordnung, sagte Agnes. Sie packte eine Tasche mit sauberen Kleidern für Daniel und legte unten einen Zettel hinein: »Lieber Daniel, viel Vergnügen.«

Mittags erzählte sie ihm, daß er bei Oma und Opa in Schoonhoven übernachten würde.

»Hier ist deine Tasche, da ist alles drin, Daan holt dich nachher von der Schule ab.«

»Schön«, sagte der Junge. Besonders begeistert klang das nicht.

»Wärst du lieber zu Hause geblieben?«

Er zuckte mit den Achseln.

»Komm schon«, sagte Agnes. »Am Sonntag bist du wieder hier.«

Nachmittags um halb vier machte sie eine Flasche Weißwein auf. Um sechs war sie leer. Noch eine? Und dann zur Strafe direkt ins Bett? Ohne Abendessen? Das war bei weitem das Vernünftigste. Aber statt dessen schwebte sie kurz darauf federnd über die Straße, unterwegs zur Kneipe. Alle waren da.

»Agnes!«

»Wo warst du denn die ganze Zeit?«

»Agnes!«

»Siehst du aber gut aus!«

»Agnes!«

»Trinkst du wieder?« Das war Arthur.

Der Weißwein floß in Strömen. Agnes fühlte sich wie in einem Schaumbad. Was für lustige Leute waren das doch! Zu acht gingen sie beim Spanier essen. Arthur saß neben ihr und streichelte ihr die ganze Zeit den Rücken, außer wenn er einen Bissen nahm. Agnes wurde sentimental.

»Oh, Arthur«, seufzte sie.

»Agnes, Agnes, Agnes«, murmelte Arthur und biß sie sachte in den Nacken. Davon bekam sie Gänsehaut. Undeutlich grummelte es in ihrem Kopf: Dies ist der falsche Weg. Sie spülte es mit Kaffee und spanischem Cognac hinunter. Erhitzt rannte sie mit Arthur zu ihrer Wohnung.

Es war wie noch nie. Arthur reagierte auf ihr Verlangen mit geradezu quälender Geduld. Es war längst hell, als sie erschöpft einschliefen.

Mittags gegen zwölf wurde sie wach. Arthur schlief noch. Sie sah ihn an.

Dann stand sie leise auf und ging ins Wohnzimmer.

In ihrem Kopf hämmerte es wie verrückt. Sie mußte sich kurz hinsetzen. Ihr Mund fühlte sich an, als hätte sie die ganze Nacht Sand gekaut.

Sie ging in die Küche und holte den Weißwein aus dem Kühlschrank. Das erste Glas trank sie in drei Zügen aus. Sie füllte es nach und ging damit ins Wohnzimmer zurück.

Da standen die Blumen. Es schien ihr Jahre her, daß sie die gekauft hatte.

»Es ist überhaupt nichts passiert«, sagte sie sich.

»Sonntag fang ich einfach wieder von vorne an.« Arthur kam herein und setzte sich neben sie.

»Hallo, Agnes«, sagte er.

»Hallo, Arthur«, sagte sie.

Er nahm sie in die Arme. Agnes wehrte sich nicht. Sonntag fang ich wieder von vorne an, dachte sie, während sie über seine Schultern auf die Blumen schaute.

Samstagmorgen Katermorgen.

Es gelang Agnes, mit Hilfe von Weißwein eine leichte Betrunkenheit aufrecht zu erhalten, ohne daß die ganz große Verzweiflung zuschlug. Sie blieb klar. Wie ein Boxer, dem sein Trainer: »Augen offen!« gesagt hat.

»Arthur«, sagte sie, »ich will mit dir reden.«

»Rede«, sagte Arthur.

Sie redete. Sie erzählte Arthur, daß alles anders werden sollte. Stärker noch, daß alles bereits anders war. So ein Abend wie gestern würde künftig die Ausnahme sein. Nicht die Regel. Sie konnte sich zwar kaum jemanden vorstellen, den sie lieber mochte als ihn, aber sie wollte nicht länger dasitzen und warten, bis es ihm, Arthur, in den Kram paßte, sie zu besuchen.

»Arthur, ich habe beschlossen, daß ich das nie, nie, nie mehr will.«

Sie sagte es mit einer Art feierlichem Nachdruck.

»Willst du feste Zeiten?« fragte Arthur.

Er sah an ihren Augen, daß sie wütend wurde. Sie schaute gefährlich drein.

»Sei ruhig«, sagte er schnell, »ich nehme es zurück.«

Agnes guckte aus dem Fenster. Dann trank sie einen Schluck Wein, warf einen schnellen Blick auf Arthur und starrte wieder aus dem Fenster.

Von draußen hörte man Samstagsgeräusche. Autos wurden gewaschen, Fahrradreifen aufgepumpt, Hunde ausgeführt.

Zum ersten Mal wußte Arthur nicht recht, was er sagen sollte.

Er holte tief Luft und fragte:

»Möchtest du, daß ich bei dir wohne?« Er flüsterte beinahe.

Agnes sah ihn an.

»Ich weiß es nicht«, sagte sie.

»Willst du mich heiraten und Kinder kriegen?«

»Ich weiß es nicht«, wiederholte Agnes.

»Oder willst du mich nie mehr sehen?«

Es dauerte eine Weile, bevor sie antwortete.

»Zur Not.«

»Und wenn...« begann Arthur.

Sie sah ihn beinahe streng an.

»Arthur, lieber Arthur«, sagte sie, während sie die Gläser wieder füllte, »du fragst immer, was ich will. Aber es geht darum, was du willst. Darum geht es.«

»Ich?«

»Du.«

Arthur schwieg.

Agnes vermied seinen Blick.

»Lieber Himmel, Agnes, bist du aber kompliziert«, sagte er schließlich.

»Dann bin ich eben kompliziert«, antwortete Agnes.

»Soll ich hier einziehen?« fragte Arthur wieder.

»Das hab ich dir schon gesagt«, sagte Agnes, »ich weiß es nicht. Ich glaube nicht, daß das gut wäre. Was machst du dann mit all deinen Freundinnen?«

»Mit meinen Freundinnen?« Arthur übertrieb seine Verblüffung, und er wußte es.

»Komm, Arthur«, sagte Agnes und ließ ein geladenes Schweigen folgen.

Agnes hatte es fertiggebracht, keine wütende oder verzweifelte Szene zu machen. Sie hatte Arthur weggeschickt, sehr ruhig, aber auch sehr entschlossen.

»Bin ich dich los?« fragte er auf der obersten Treppenstufe stehend.

»Ich weiß es nicht«, sagte Agnes. Jetzt bloß nicht weinen, dachte sie. Sie weinte nicht.

»Adieu«, sagte sie, als Arthur langsam die Treppe hinunterging. Halbwegs drehte er sich um und schaute nach oben.

»Verdammt noch mal, Agnes«, sagte er.

»Geh jetzt nur.« Agnes drehte sich um und ging hinein. Sie machte die Tür leise und sehr endgültig zu.

»Und die Augen gingen ihr über«, sagte sie laut. Sie stand mitten im Wohnzimmer, ein bißchen breitbeinig, und weinte schweigend.

Sie öffnete eine neue Flasche und trank sie in hohem Tempo leer. Dann wankte sie ins Bett und fiel in einen tiefen, dumpfen Schlaf. Sie schlief dreizehn Stunden hintereinander. Sie kam sich wie gerädert vor, war aber nicht unzufrieden. Sie stand auf, zog sich an und begann die Wohnung zu putzen. Daniels Zimmer putzte sie besonders gründlich.

»Es hat sich nichts geändert«, sagte Agnes zu sich selber, »wir fangen einfach wieder von vorne an.«

Als Daan Daniel heimbrachte, hatte sie Tee gekocht.

»Tee?« fragte Daan verwundert.

»Ja ... Tee.«

Nach einer halben Stunde hatte sie ihn hinauskomplimentiert.

»Wie war's denn?« fragte sie Daniel. »Hast du dich gut amüsiert?«

»Jaja«, murmelte der Junge.

»Komm her«, sagte Agnes.

Sie nahm ihn in die Arme.

»Bist du froh, daß du wieder zu Hause bist?«

Er nickte schweigend.

Abends beschloß Agnes, mit der Pille aufzuhören.

Hier Bea.«

Agnes hörte bereits an der Stimme, daß etwas nicht in Ordnung war. Bea sagte sonst meistens »Hallo, Schatz«. Die ausdrückliche Nennung ihres eigenen Namens wies darauf hin, daß etwas nicht stimmte.

»Hej, hallo!« Agnes tat angenehm überrascht, um das Unheil zu bannen.

»Du hast es natürlich schon gehört?«

»Nein, was denn?« Agnes reagierte aufgeweckt und munter wie jemand, der angenehmen Tratsch erwartete.

»Rate mal, was Johan sich geleistet hat?«

Weil sie länger nicht miteinander gesprochen hatten, fiel Agnes plötzlich auf, daß Bea sprachlich gesehen noch immer in den sechziger Jahren lebte. (»Rate mal«, »Wäre prima!« »Das kannst du nicht machen!«)

»Was denn?« fragte Agnes.

»Schatz, halte dich fest.«

Agnes hielt sich fest.

»Johan ist fremdgegangen. Okay, ist nicht schlimm, das muß drin sein.«

Muß drin sein. O, Gott, dachte Agnes, was für eine liederliche Sprache.

»Rate mal, was dabei passiert ist? Das elende Mensch war geschlechtskrank. Geschlechtskrank! Was sagst du dazu?«

»Syph?« piepste Agnes atemlos.

»Nein, natürlich nicht, wo denkst du hin...« Bea ließ ihre Stimme sinken und flüsterte: »Einen Tripper.«

»Wie unangenehm für dich«, sagte Agnes.

»Ach, weißt du«, sagte Bea, »halb so schlimm. Hops, zum Doktor und 'ne Spritze. Kein Problem.«

»Oh«, sagte Agnes. Sie dachte: Warum ruft sie mich dann an? Wenn es nicht so schlimm ist?

»Hör mal«, sagte Bea, »was ich dich fragen wollte. Wie geht es Arthur?«

»Gut, glaube ich«, sagte Agnes. »Ich weiß es nicht. Ich hab ihn schon eine Zeitlang nicht mehr gesehen.«

»Wie lange nicht mehr?«

»Zehn Tage oder so, glaube ich.«

»Gott sei Dank.«

»Wieso Gott sei Dank?« fragte Agnes.

Am anderen Ende blieb es still.

»Na ja, ich sag's dir jetzt einfach«, sagte Bea mit belegter Stimme, »ich war mit Arthur im Bett, und das ist auch der Grund, warum ich...«

»Du?« fragte Agnes verdutzt.

»Ja, Gott... du weißt doch, wie's so geht. Wir waren in der Kneipe... alle zusammen... sind dort versackt... es wurde immer später, du kennst es ja... danach noch im *Fohlen* gewesen... danach alle noch was bei mir getrunken... Ja, mein Gott... Und Arthur ist dann über Nacht geblieben.«

Großer Gott, dachte Agnes, jetzt muß ich sauer sein.

»Agnes? Bist du noch da?«

»Ja«, sagte Agnes tonlos.

»Bist du mir böse?«

»Ich weiß es nicht«, sagte Agnes. »Ich verstehe es nur nicht. Arthur und du, ihr wart euch doch unsympathisch?«

»Naja... ach... je... nun... nicht so sehr... ich meine...« stotterte Bea.

Schlampe, dachte Agnes, widerliche Schlampe.

»Es war ein Versehen«, sagte Bea.

»Ein Versehen«, sagte Agnes.

»Ja.«

»Ich weiß nicht, was ich sagen soll«, sagte Agnes.

»Hör mal«, sagte Bea, »noch was Praktisches.«

»Ja?«

»Freitag ist es passiert. Danach kam Johan erst mit seiner reizenden Geschichte... also, verstehst du, ich habe Arthur... na ja... hast du nach Freitag noch... ich meine, mit Arthur...«

»Nein«, antwortete Agnes fest.

»Zum Glück.«

»Ja.«

»Arthur muß es aber wissen. Hast du seine Telefonnummer?«

»Ja. Aber dort ist er praktisch nie.«

»Gib sie mir doch mal, für alle Fälle.«

Agnes gab sie ihr.

Und legte auf.

Sie saß noch eine Zeitlang am Telefon.

Tschüß, Arthur, tschüß Bea, dachte sie.

Noch am gleichen Nachmittag stieß sie auf dem Damrak fast mit Arthur zusammen.

Er blieb stehen und sah sie fragend an.

»Sollen wir schnell was trinken gehen?« fragte er.

»Nein«, sagte Agnes.

»Ach komm, Agnes«, bat er.

»Arthur«, sagte Agnes und trat einen Schritt näher. »Arthur ... du hast 'nen Tripper.«

Dann ging sie weiter.

»Von Bea«, rief sie noch über die Schulter.

Sie sah, wie er ihr nachstarrte, mit runden erstaunten Augen. Sie winkte ihm noch freundlich zu, überquerte die Straße und stieg in Linie 16.

Agnes wurde zu einer kleinen Feier eingeladen, anläßlich des zwölfeinhalbten Hochzeitstages von Ida und Christian. Ida war eine alte Schulfreundin. Agnes hatte sie schon jahrelang nicht mehr gesehen, als sie sich plötzlich auf der Straße begegneten.

»Du gehst jetzt augenblicklich mit mir lunchen«, hatte Ida gesagt, und kurz drauf brausten sie in hohem Tempo mit Idas Auto nach Haarlem. Agnes verstand nicht, warum dieser Lunch mit aller Gewalt in Haarlem stattfinden mußte, aber sie wollte nicht meckern.

Nachdem der Kontakt auf diese Art wieder hergestellt war, schien es eigentlich selbstverständlich, daß

Agnes zu dem Fest ging, auch wenn sie Christian gar nicht kannte. Das einzige, was Ida über ihren Gatten verraten hatte, war, daß er mit seiner Arbeit sehr erfolgreich sei. Welche Arbeit das war, erfuhr Agnes nicht, es interessierte sie auch überhaupt nicht. Sie fand Ida noch immer sehr nett, aber Christian war ihr schon von vorneherein unsympathisch.

Yvonne, die Nachbarin von unten, versprach, ein Auge auf Daniel zu haben und gelegentlich zu kontrollieren, ob er noch in seinem Bett lag und die Wohnung nicht abbrannte.

Was ihre Garderobe anlangte, hatte Agnes ein Mittelding zwischen Spießigkeit und absichtlicher Nonchalance finden können. Es lief darauf hinaus, daß sie von Kinn bis Wade unordentlich aussah, aber ungeheuer spießige Schuhe trug.

Irgendwie schien ihr diese Party doch verlockend. Sie würde dort vollkommen andere Menschen treffen als die, mit denen sie in den letzten Jahren umgegangen war. Nämlich ordentliche Menschen, Geschäftsleute zum größten Teil, die nicht schon nach fünf Minuten betrunken waren oder die ganze Zeit ihr Gefühlsleben zur Schau stellten wie eine begehrenswerte Ware. Dort würde es zivilisiert und beruhigend verlogen zugehen, davon war Agnes fest überzeugt, und sie freute sich, dies auch einmal zu erleben.

Es war ihr klar, daß sie bei einer solchen Feier nicht einfach drauflos prassen konnte wie sonst.

»Agnes, du siehst ja bildschön aus!« hatte Ida zur Begrüßung gekräht. Agnes hatte kurz geschluckt, dann aber die Haltung angenommen, die zur Überzeugung gehörte, tatsächlich bildschön zu sein.

Anfangs erschien ihr alles recht nett, aber bald wurde sie doch ein bißchen müde von der höflichen Munterkeit all dieser netten Leute. Christian, Idas Mann, war genau so, wie Agnes sich schon gedacht hatte. Ein dikker, sonnenbankgebräunter Mann mit leichtem Stiernacken. Sein Zweireiher umschnürte ihn wie ein Korsett. Er sprach gewollt jovial mit vielen »Schau an!«s und »Das' ja ein dickes Ei«. Agnes landete schließlich im Erker auf dem Sofa neben einem blonden Mann mit hellblauen Augen, der ihr sofort sympathisch war, weil er etwas Jungenhaftes hatte. Er hieß Max.

»Stimmt es, daß ich dich hier noch nie gesehen habe, bei den Parties von Ida und Christian?« fragte er.

»Das stimmt«, sagte Agnes, »ich kenne hier niemanden. Ida ist eine alte Schulfreundin von mir. Sogar Christian kenne ich nicht.«

»Good for you«, sagte Max leise.

Vielleicht wird es doch noch ein schöner Abend, dachte Agnes.

»Und du?« fragte sie, »wie fügst du dich hier ins Bild?«

Er rückte etwas näher.

»Ich bin der Hausschwule.«

»Der was?«

»Der Hausschwule. Progressive Amerikaner achten immer darauf, daß bei ihren Festen wenigstens ein Neger dabei ist. Ida und Christian wollen, daß auf ihren Parties wenigstens ein Homosexueller rumläuft, und das bin ich.«

Er lachte schallend.

»Komm, laß uns noch einige Erfrischungen zu uns nehmen«, sagte er dann.

Er nahm ihr das leere Glas aus der Hand und stand auf.

»Was war hier drin, als es in grauer Vorzeit noch voll war?«

»Weißwein.«

»Weißwein. Der ist hier tatsächlich recht gut zu trinken. Selber werde ich allerdings einen Gin-Tonic nehmen.«

Er ging zur Hausbar, wo Idas Tochter, eine Dreizehnjährige, die Getränke verwaltete.

»O je«, sagte das Kind bei Max' Bestellung, »da hab ich doch tatsächlich keine Longdrink-Gläser mehr.«

»Das macht nichts«, sagte Max, »ich trinke sowieso nur Shorthand.«

»Nur ein Witz, ein Witz«, sagte er schnell, als ihn das Mädchen verblüfft anschaute.

»Nicht drüber nachgrübeln.«

Gegen Mitternacht legte Max den Arm um Agnes und sagte:

»Kannst du nicht eine schwere Migräne vortäuschen, und wir schleichen uns dann fort und gehen irgendwohin, wo noch altmodische Menschen aus Fleisch und Blut zusammenkommen, nicht nur der Jetset von Amsterdam-Süd?«

Tatsächlich standen sie um halb ein Uhr auf der Straße. Max hatte zu Ida, die die Brauen hochzog, gesagt, daß er doch in die gleiche Richtung mußte wie Agnes.

»Wohin gehen wir?« fragte Agnes.

Sie hatte Max ihren Arm gereicht.

»Irgendwohin, wo es stinkt«, sagte Max.

Sein Gelächter schallte durch die Wouwermanstraat.

Agnes hatte noch befürchtet, Max wolle sie in die Reguliersdwarsstraat abschleppen, um dort stehend auf dem Trottoir etwas zu trinken, aber Max legte ganz im Gegenteil eine Vorliebe für normale Kneipen an den Tag. Sie wurden nicht richtig betrunken, weil sie viel zuviel redeten. Agnes kam es so vor, als kenne sie Max schon seit Jahren. Gegen drei Uhr brachte er sie nach Hause. Vor der Tür küßte er sie auf den Mund und sagte lachend: »Hättest du nicht erwartet, gell?« und war fast im selben Augenblick verschwunden.

Das war am Freitag gewesen. Am Mittwoch rief er sie morgens um neun Uhr an.

»Es wird ein herrlicher Tag, Agnes! Wir fahren ein bißchen Fahrrad!«

»Oh, wie schön«, sagte Agnes, »nur leider habe ich keins.«

»Aber ich! In einer Viertelstunde bin ich bei dir.«

Max' Fahrrad entpuppte sich als Tandem.

»Großer Gott«, sagte Agnes, »da willst du mich draufsetzen?«

Max lachte so unwiderstehlich, daß sie all ihre Bedenken beiseite schob.

»Haben wir nicht die belegten Brote vergessen?« fing Agnes an, Max zu piesacken, als sie sich unter einem Baum im Amsterdamer Stadtwald ausruhten.

Max grinste.

»Laß das nur meine Sorge sein«, sagte er.

Und tatsächlich, als es halb zwölf Uhr schlug, ließ Max die Fahrradtour bei einem Ausflugslokal am Nieuwe Meer enden.

»Das hatte ich eigentlich schon heimlich gehofft«, sagte Agnes und sprang vom Tandem, »daß du mich in eine Kneipe bringst.«

Es gab dort eine gekieste Terrasse mit Tischen und Stühlen. Überall scharrte Federvieh herum, Hühner, Laufenten und ein paar Pfauen. Sie setzten sich. Als Agnes einen Weißwein bestellen wollte, sagte Max, daß es vielleicht vernünftiger wäre, gleich eine ganze Flasche zu nehmen.

»Sonst schleppen Sie doch nur die ganze Zeit Gläser«, sagte er zum Ober.

Der Mann lächelte verständnisvoll, zu Agnes' Erleichterung. Max ging mit ihm hinein, um einen guten Weißwein auszusuchen.

»Ich hab mein Allerbestes getan, um den trockensten Wein zu finden«, sagte er, als er zurückkam, »aber erwarte keine Wunder.«

»Nein, Max. Was für ein herrlicher Baum ist das hier.«

Der Ober kam mit einem leise klingelnden Weinkühler und der Flasche.

»Ober«, sagte Agnes, »was ist dies für ein Baum?«

»Das ist eine Linde, gnädige Frau.«

Als der Ober über den Kies zurückgeknirscht war, sagte Agnes verträumt: »Ich wollte, ich wüßte mehr über Bäume... Warum lachst du?«

»Warum willst du um Himmels willen mehr über Bäume wissen?« fragte Max lachend.

»Das weiß ich nicht«, sagte Agnes, »ich finde mich selber oft so dumm.«

»Weil du die Baumnamen nicht weißt?«

»Ja, das auch.«

»Du spinnst.«

»Ich weiß«, sagte Agnes.

Max stand auf, ging zu ihr und küßte sie lange, mit den Händen auf ihrer Stuhllehne.

»Schön«, sagte er und setzte sich wieder hin, »lasset uns trinken. Prost!« Und hob sein Glas.

Agnes trank.

»Manchmal denke ich, daß ich schon Alkoholikerin bin«, sagte sie und ließ sich nachschenken.

»Natürlich bist du Alkoholikerin«, sagte Max, »jeder anständige Mensch ist Alkoholiker, also bitte, was soll denn das.«

»Du spinnst auch«, sagte Agnes. »Max... hättest du gerne eine eigene Yacht?« Sie deutete auf die Segelboote auf dem Nieuwe Meer.

Als er den Kopf drehte, wurde Agnes plötzlich tief vom Anblick seines Nackens gerührt.

»Bleib so sitzen«, rief sie, ein klein bißchen außer Atem. Sie stand auf und küßte ihn auf den Nacken.

»Das war mal nötig«, sagte sie, als sie sich wieder hinsetzte.

Angenehm überrascht sah sie, daß Max errötete. Sie bestellten ein Russisches Ei, als der Wein alle war, danach Kaffee, und als der Kaffee alle war, wieder eine Flasche Wein.

Die Rückfahrt auf dem Tandem verlief chaotisch. Sie kicherten wie junge Mädchen.

»Wiedersehen, Agnes«, sagte Max vor ihrer Tür, »soll ich morgen kommen und bei dir kochen?«

»Ja«, sagte Agnes, »komm morgen in Gottes Namen bei mir kochen.«

Sie stolperte über ihre Wörter.

Was geht hier vor? dachte sie.

An diesem Donnerstag kam Max um halb fünf zu ihr herauf, mit drei proppenvollen Plastiktaschen voller Zutaten und einem Extrakarton Wein.

»Wie hast du das um Himmels willen alles transportiert?« fragte Agnes.

»Schatz, mit einem Taxi! Ich nehme bereits ein Taxi, wenn ich einen Brief einwerfen muß. Nicht, daß ich jemals einen Brief einwerfe, aber das macht nichts. Zeig mir schnell den Weg in die Küche.«

Daniel war sofort mit Max gut Freund und ging begeistert auf dessen Vorschlag ein, ihm beim Kochen zu helfen. Agnes wurde aus ihrer Küche verbannt.

»Weib, setz dich müßig in dein Boudoir«, rief Max, »wir können dich hier nicht gebrauchen!«

»Ja«, bestätigte Daniel, »Agnes, geh weg!«

Es wurde ein Festmahl. Agnes hatte nicht gewußt, daß solche Speisen von Menschenhand zubereitet werden konnten, außer von richtigen Köchen. Sie aßen frischen Lachs in einer *beurre blanc* und dann ein Tournedos Rossini, bei dem der Trüffel Ersatz war, wie Max bis zu dreimal versicherte.

»Also der Trüffel ist Ersatz, weißt du. Das ist kein echter Trüffel.«

»Agnes«, sagte nun auch Daniel, »der Trüffel ist Ersatz.«

»Daniel hat die Eidotter geschlagen«, sagte Max.

»Für den Nachtisch«, sagte Daniel, »wir kriegen einen Nachtisch.«

Agnes beschloß, sich ein einziges Mal in ihrem Leben nicht schuldig zu fühlen wegen der Tatsache, daß sie praktisch nie einen Nachtisch servierte. Und es gab Wein. Weißwein, der schwach nach Blumen duftete, und Rotwein, der einen ernst stimmte.

»Max«, sagte Agnes, »dies muß ein Vermögen gekostet haben.«

»Hallo, Tante«, sagte Max, »jetzt fangen wir aber nicht an, über Geld zu reden, gell? Das tun nur die Reichen.«

»Gut, Max«, sagte Agnes eingeschüchtert, »schenk mir dann bitte nochmal ein.«

Sie dehnten das Essen lange aus. Daniel redete ununterbrochen. Agnes hatte ihn bei keinem ihrer anderen Freunde so entspannt gesehen.

Gegen zehn schickte Agnes ihn aber doch ins Bett, trotz seiner Proteste, daß es so gemütlich wäre, denn er hatte schon ganz kleine Äuglein. Max versprach, ihm auf dem Bettrand noch eine Geschichte zu erzählen, und an Daniels lautem Gelächter konnte sie hören, daß Max es offenbar gut verstand.

»Möchtest du Kaffee?« fragte Agnes, als er sich wieder an den Tisch setzte.

»Nicht unbedingt«, sagte Max, »glaubst du, daß noch so ein Bordeaux von Übel wäre?«

»Hast du denn noch eine Flasche?«

»Sogar zwei.«

»Dann wollen wir sehen, wie weit wir kommen«, sagte Agnes und lächelte ihm zu.

Und dann war es auf die eine oder andere Art selbstverständlich, daß Max bei ihr übernachtete, nachdem es so spät geworden war.

Agnes hatte sich vorgenommen, brav neben ihm zu

liegen und ihn ein bißchen zu betrachten, aber als sie neben ihm ins Bett kletterte, sah sie zu ihrer Überraschung, daß ihre Anwesenheit dort ihn nicht kalt ließ.

»Aber Max«, flüsterte Agnes.

»Es gibt noch Zeichen und Wunder«, antwortete Max.

Vorsichtig und verblüfft begannen sie miteinander den Liebesakt, mit angehaltenem Atem.

Max war ein aufmerksamer und behutsamer Liebhaber.

Er nahm sie nicht, er lieh sie sich. Er legte auch andauernd Pausen ein, um, wie er sagte, gemütlich ein bißchen zu plaudern.

Agnes kam mit dem Rest Wein in zwei Gläsern.

»Ist das eigentlich nicht gegen deine Prinzipien?« fragte sie während einer dieser Pausen.

»Aber Schatz«, sagte Max, »ich bin doch nicht aus Prinzip schwul, sondern von Natur aus.«

Er nahm einen Schluck. »Hoffe ich.«

Agnes lachte.

»Aber für jemanden wie dich tu ich auch das Widernatürliche«, flüsterte er leise.

»Gott, bist du lieb«, sagte Agnes aus tiefstem Herzen.

»Und du erst«, sagte Max und nahm ihr das Glas aus der Hand.

So wurde es sechs Uhr morgens.

»Denk bloß nicht, daß du mich bekehrt hast«, sagte Max, bevor sie einschliefen.

»Nein, Max«, flüsterte Agnes, »das verspreche ich dir.«

Er schlief fast augenblicklich ein. Agnes schaute ihn noch ein bißchen an, wie sie ursprünglich vorgehabt hatte, bevor die Dinge ihren überraschenden Lauf genommen hatten.

Es ist wieder soweit, dachte sie, ich bin wieder dabei, mich zu verlieben. Ich lerne es nie.

Aber dieses Mal geriet sie nicht in Panik.

Es war jetzt schon am frühen Morgen zu heiß, um in der Wohnung zu bleiben. Eine Woche lang bestiegen Agnes und Daniel um halb neun den Zug nach Zandvoort. Daniel hatte für ihre Strandausflüge eine strenge Bedingung gestellt.

»Agnes«, hatte er mit flammendem Blick gezischt, »du rennst dort nicht mit nacktem Busen herum!«

»Nein, Daniel, ich werde artig sein.«

Dann in Gottes Namen schneeweiße Brüste in diesem Sommer, hatte sie gedacht. Aber Daniel ging immer wieder stundenlang im Meer schwimmen, und dann streifte sie ganz schnell ihr Bikinioberteil ab. Natürlich paßte sie die ganze Zeit auf, und wenn der Junge tropfnaß aus dem Meer gerannt kam, lag sie schon wieder dezent und ordentlich in der Sonne. Daniel wurde langsam und gleichmäßig braun, Agnes feuerrot. Schon nach drei Tagen begann sie sich zu schälen und sah aus wie ein abblätternder Türrahmen. Jeden Abend, wenn sie nach Hause kamen, dachte Agnes: Soll ich Max anrufen? Aber sie hatte sich vorgenommen, nicht mehr die Initiative zu ergreifen. Sie rief ihn nicht an, sondern ging früh ins Bett und ließ die Tür einen Spalt offen, für den Fall, daß Max sie anrief. Aber er tat es nicht.

Sie war nicht böse auf ihn und auch kaum traurig.

Dann kam, nach einem starken Gewitter in der Nacht, der Wetterumschlag. Daniel wurde von Titias Eltern zu einem zweitägigen Ausflug nach Drente eingeladen. Sie sah ihm aus dem Fenster nach, als er in seinem Regenmantel neben Titias Mutter zum Auto ging. Die Frau drehte sich um und winkte Agnes herzlich zu, Daniel hob vorsichtig eine Hand. Dann fuhren sie weg.

Soll ich Max anrufen, dachte Agnes wieder.

Nein, beschloß sie. Fortan sollte alles dem Zufall überlassen bleiben. Aber es konnte nicht schaden, dem Zufall etwas nachzuhelfen. Von welcher Kneipe hatte Max doch gesagt, daß er öfters hinginge? Agnes machte sich auf den Weg.

Und siehe, da stand Max, am Ende der Theke.

»Agnes«, rief er und versteckte seine Verlegenheit hinter übertriebener Herzlichkeit, »was verschlägt dich hierher?«

Er küßte sie auf die Wangen.

»Ich wollte dich gerne treffen«, sagte Agnes ohne Umschweife.

Angriff ist die beste Verteidigung.

Sie merkte, daß er ihre Ehrlichkeit ein bißchen peinlich fand.

»Sollen wir uns kurz dort hinsetzen?« fragte er und wies auf ein ruhiges Eckchen, »sicher Weißwein?«

»Ja«, sagte Agnes, »bitte Weißwein.«

Da saßen sie.

»Wie geht es dir?« fragte Agnes.

»Darüber in Kürze mehr«, sagte Max, »aber zuerst und vor allem ... wie geht es dir? Geht's dir gut?«

Ja, nickte sie.

»Zandvoort?« fragte er und deutete auf ihre sich schälenden Arme.

»Zandvoort.«

»War's schön?«

»Ja, schön ... wie immer.«

Er nickte ein paarmal und rutschte ungeduldig auf seinem Stuhl herum.

»Hör mal, Agnes«, fing er an, »ich hatte wirklich vor, dich nach diesem Abend sehr schnell wieder zu besuchen, aber es kam was dazwischen.«

Agnes wußte nicht, was sie sagen sollte. Es schien auf einmal gerade so, als ob sie ihn hier zur Verantwortung ziehen wollte. Das war ungefähr das letzte, was sie wollte. Sie zwang sich zu einem kleinen Lachen.

»Max, ich komme doch nicht hierher, um dir Vorwürfe zu machen«, sagte sie, »ich wollte dich nur einfach sehen. Weil ich dich so nett finde.«

Sie schauten sich an und erröteten plötzlich beide heftig.

Max griff nach ihrer Hand und küßte sie.

»Weißt du«, sagte er, »das Problem ist dieses...«

Er lachte sein schallendes Lachen, aber mehr aus Gewohnheit als aus Freude.

»Ich hab mal wieder einen neuen Freund«, sagte er schließlich.

»Ach, wie fein«, sagte Agnes, »ist er nett?«

»Nett...« sagte er sarkastisch, »nett... von netten Menschen hat man nicht viel. Nett bin ich selber.«

»Ja«, sagte Agnes.

»Nein«, fuhr er fort, »nett ist er nicht.«

Sein Lächeln war wie Sandpapier.

»Lebst du mit ihm zusammen?« fragte Agnes.

»Manchmal... ein paar Stunden lang... er kommt und geht, wie es ihm grade paßt.«

»Max«, fragte Agnes, »bist du unglücklich?«

»Ja, aber das war ich vorher auch schon...«

Er lachte jetzt so übertrieben fröhlich, daß es weh tat. Dann stand er unvermittelt auf.

»Ich muß gehen«, sagte er und küßte sie mit gespitzten Lippen flüchtig auf den Mund.

»Ich komm so schnell wie möglich bei dir vorbei, okay?«

»Immer mit der Ruhe«, sagte Agnes.

Sie sah ihm nach, als er die Kneipe verließ. Anstatt noch einen Weißwein zu trinken, ging sie direkt nach Hause, nahm eine Schlaftablette und legte sich ins Bett. Sie streichelte sich selbst in den Schlaf.

Wochen vergingen. Agnes aß ein paarmal mit Daniel bei ihren Eltern, schlenderte an schönen Tagen mit ihm durch den Vondelpark und schaute abends mit ihm fern, am liebsten etwas, was Daniel ein schön blödes Programm nannte. Einmal waren sie unglücklicherweise mitten in ein Shakespearesches Königsdrama hineingeraten und hatten es atemlos bis zum Schluß verfolgt.

»Wow, Agnes«, hatte Daniel gesagt, als er todmüde ins Bett torkelte, »das war ja spannend.«

An einem Dienstag hatten sie Arthur Arm in Arm mit einer auffallend langen Frau gesehen. Sie hatte gehofft, Daniel, der neben ihr ging, hätte es nicht gemerkt, aber an der Straßenecke sah er zu ihr hoch und fragte: »Das war Arthur, nicht?«

»Ja, das war Arthur.«

»Kommt er nicht mehr?«

»Nein, ich glaube nicht.«

Nach einer Pause fragte sie: »Findest du das eigentlich schlimm?«

Er zuckte mit den Schultern.

»Fandest du Arthur nett?«

Wieder Schulterzucken.

»Max ist nett«, sagte er dann.

»Ja, Max ist nett.«

»Warum kommt *er* nie mehr?«

»Er hat zuviel am Hals«, sagte Agnes.

Eines Abends, als Daniel schon lange im Bett lag und schlief und Agnes noch ein bißchen aufräumte, ging die Klingel. Agnes öffnete. Auf der Treppe hörte sie Schritte, die sie nicht erkannte. Es war Max. Er stand in der Türöffnung und lehnte den Kopf an den Türrahmen.

»Agnes«, sagte er, »ich weiß, es ist spät, aber darf ich dir trotzdem kurz was vorjammern?«

Seine Augen waren ganz dunkel vor Kummer.

»Nur wenn du hereinkommst und dich hinsetzt.«

Er setzte sich auf das Sofa und sah sie an.

»Es geht schlecht«, sagte er.

»Es ist aus mit deinem Freund«, mutmaßte Agnes.

Er nickte.

»Ja«, sagte er, »es ist aus. Schrecklich aus.«

Agnes setzte sich neben ihn.

Max seufzte. »Ich bin wohl eine Tunte«, sagte er, »aber eigentlich bin ich gar nicht dafür geeignet. Fürs Tuntenleben.«

»Das normale Leben ist auch so«, sagte Agnes, »davon könnte ich dir Bände erzählen.«

»Das hatte ich schon vermutet.«

»Was kann ich für dich tun?« fragte Agnes.

»Keine Ahnung«, sagte Max, »ich weiß auch nicht, warum ich dir zu dieser unchristlichen Zeit mit meinen Problemen auf die Nerven falle. Oder Probleme... es sind natürlich keine Probleme, es ist Alltag... so was passiert ja täglich...«

»Sagte er bitter«, flüsterte Agnes.

Max quälte sich ein Lächeln ab.

»Ach, Max«, sagte Agnes und zog seinen Kopf an ihre Schulter, »lieber Max.« Sie streichelte seine Nakkenhaare.

»Komm«, sagte sie und stand auf, »nimm ein bißchen Zaubertrank.«

Sie entkorkte eine Flasche Weißwein.

»Na ja«, sagte Max, »auch wenn es nichts nützt, es kann nichts schaden.«

Während sie tranken, gab Max eine kurze Zusammenfassung seines jüngsten Liebeslebens. Es wurde eine traurige Geschichte, und Agnes erkannte sie wieder. Sie hätte sie selbst erzählen können.

»Und das Schlimme ist...« schloß Max, »daß es einfach so zu Ende ging... sang- und klanglos... kein Riesenkrach oder Türenschlagen oder Sich-Gläser-anden-Kopf-Werfen... nein, Freddie blieb einfach immer länger weg und rief schließlich an, nachdem er sich eine ganze Woche lang nicht gemeldet hatte, daß er jetzt überhaupt nicht mehr kommen würde.«

Max lachte zornig.

»Weißt du, was er sagte, bevor er auflegte? Alles Gute, sagte er. Ich wünsche dir alles Gute. So bürgerlich- konventionell, weißt du?«

Sie schwiegen eine Weile.

»Na ja«, sagte Max, »eigentlich ist es nicht so schlimm. Es könnte viel schlimmer sein. Einen Vorteil hat es wenigstens: Ich kann wieder trinken. Freddie hielt nämlich nichts von Trinken. Er selber trank nie und schätzte Menschen mit frischem Atem. Agnes, kannst du dir das vorstellen? Ich hab einen Monat lang frischen Atem gehabt!«

Sie tranken. Bald war die Flasche leer, und die zweite ging noch schneller. Als die dritte und – wie Agnes leicht beunruhigt feststellte – letzte Flasche halbleer war, fielen sie beschwipst gegeneinander und knuddelten sich unter beruhigendem Wortgemurmel, bis nicht mehr zu unterscheiden war, wer hier eigentlich wen tröstete, und landeten schließlich in Agnes' Bett. Um den Abend abzurunden, schlief Max mit Agnes, wobei er die ganze Zeit schluchzte wie ein Kind.

Es war nicht schön.

Als Agnes am nächsten Morgen aufwachte, war das Bett neben ihr leer.

Nach drei Tagen rief Max an.

»Agnes, Engel, es geht jetzt wieder. Darf ich vorbeikommen?«

Agnes versicherte ihm, daß er immer vorbeischauen dürfe, auch wenn es nicht ging.

»Ich habe ein unsittliches Angebot«, sagte er, »und das kann nicht warten.«

Das unsittliche Angebot entpuppte sich als die Gelegenheit, von einem Bekannten ein Auto zu leihen und zu einem schrecklich netten kleinen Hotel in den Ardennen zu fahren, das er kannte. Er hatte für kommenden Freitag schon mehr oder weniger reserviert.

Agnes erinnerte sich, daß Arthur sie seinerzeit auch mal in die Ardennen hatte mitnehmen wollen, aber damals waren sie vorher noch ganz kurz in einer Kneipe was trinken gegangen, und die Sache fiel dann ins Wasser.

»Kannst du denn autofahren?« fragte Agnes. Es schien ihr für jemanden wie Max eher unpassend.

»Nein«, sagte Max, »aber auf die eine oder andere komische Manier bin ich doch im Besitz eines Führerscheins.«

An diesem Freitagmorgen waren sie früh weggefahren, Max am Steuer, Daniel und Agnes neben ihm auf dem breiten Vordersitz des übertrieben großen Peugeot.

Beinahe wäre auch diesmal alles ins Wasser gefallen, weil Agnes vorschlug, für den Lunch ein paar Butterbrote zu schmieren.

»Weib!« hatte Max gekreischt, »mir wird übel! Butterbrote... das ist das ärgste, was ein Mensch sich antun kann!«

Kleinlaut hatte Agnes gesagt, sie hätte es nur gut gemeint und hätte auch gern etwas beigetragen.

»Du tust genug, wenn du einfach mitfährst und genießt«, hatte Max geantwortet.

In der Nähe von Utrecht fragte er: »Genießt du schon?«

»In vollen Zügen, Max«, sagte Agnes und lehnte sich genüßlich zurück.

Bei Weert fragte er es wieder. Und wieder beruhigte ihn Agnes in diesem Punkt. Als sie den Berg hinunterfuhren und Maastricht liegen sahen, rief Daniel mit so komischer Stimme »Ich genieße! Ich genieße!«, daß Max auf den Seitenstreifen fahren mußte, um sich in Ruhe auszulachen.

In Maastricht aßen sie am Vrijthof zu Mittag. Agnes hatte darauf bestanden zu bezahlen, aber Max hatte noch viel mehr darauf bestanden, daß Agnes an diesem Wochenende für überhaupt nichts auch nur einen roten Heller ausgeben durfte, und Daniel hatte weitere Diskussionen damit beendet, daß er ausrief: »Immer das

Gegeifer wegen dem Geld!«, worauf Max gesagt hatte: »Jetzt hörst du's mal von jemand anderem«, und erst dann hatte Agnes beschlossen, zu resignieren und diesen unerwarteten und skandalösen Luxus wirklich in vollen Zügen zu genießen.

Das Hotel lag an der Ourthe. Es war so, wie man sich das ideale Hotel vorstellte. Idealer Hotelgeruch, überall Hirschgeweihe an der Wand, und die Rote-Rosen-Tapete zog sich sogar über die Balken. Ein einziger Blick ins Hotelzimmer genügte, und man wußte: Hier war man in den Ferien. Wie richtige Hotelgäste machten sie sich nach ihrer Ankunft frisch. Sie gingen im nahen Wädchen spazieren, tranken einen frivolen Pernod auf einer kleinen Terrasse und saßen um acht Uhr rosig und zufrieden beim Abendessen. Daniel war so erschöpft, daß er das Ende der Mahlzeit nicht abwartete, solche Sehnsucht hatte er nach seinem Hotelzimmer und seinem Bett. Agnes brachte ihn schleunigst nach oben und hatte Grund zur Annahme, daß er schon schlief, bevor sie noch aus der Tür war.

Man servierte ihr und Max den Kaffee, und sie beschränkte sich auf einen einzigen Calvados. Dann stiegen sie Arm in Arm die Treppe hoch.

Diese Nacht vergaß Agnes nie. Alles trug dazu bei. Sie sagte es auch zu Max.

»Max«, sagte sie, »alles trägt dazu bei.«

Der Mond schien ins Zimmer. Die Ourthe plätscherte leise unter ihrem Fenster. Eine Nachtigall sang, auch wenn Agnes nicht wußte, daß es eine Nachtigall war.

»Max, ich höre einen Vogel – hörst du ihn auch?«

»Ja, Engel, wetten, es ist eine Nachtigall?«

»Soll ich unten an der Rezeption fragen?« fragte Agnes. »Pardon, monsieur, est-ce que c'est un rossignol, là dehors?« Und sie fragte ihn, ob es nicht unheimlich französisch klang, dieses »là dehors«, und Max belohnte sie mit einem Kuß auf die Augenlider.

Ja, alles trug dazu bei. Nicht nur schien der Mond, plätscherte die Ourthe und sang die Nachtigall, sondern auch das Geißblatt duftete betäubend. Es war das perfekte romantische Klischee, und Agnes fand es herrlich.

Sie lagen dicht nebeneinander im Bett und schoben einfach alles auf. Nicht nur, was im Lauf dieser Nacht zweifellos noch geschehen würde, sondern alles, ihr ganzes Leben, ihr Gewurstel in Amsterdam und die Mickrigkeit des normalen Alltagslebens – all dies wurde kurz, nur ganz kurz aufgeschoben.

»Wir versprechen einander nichts«, flüsterte Max.

»Nein, nein.«

»Nur, daß wir immer aufeinander zurückfallen können, wenn es gar nicht mehr geht.«

»Ja, ja.«

»Wir wollen unser Notgroschen sein, in Zeiten von totaler Armut«, flüsterte Max.

»Ja, Max, ganz genau.«

Er streichelte ihr Gesicht. Die Gardine wehte ein bißchen in einer sanften Brise. Der Mond schien, die Ourthe plätscherte, die Nachtigall sang, das Geißblatt duftete.

»Aber vorläufig müssen wir doch miteinander vorlieb nehmen«, flüsterte Agnes vorsichtig.

Und sie nahmen miteinander vorlieb. Vorsichtig.

Sie frühstückten auf ihrem Zimmer. Sie saßen zu dritt im Schneidersitz auf dem Bett und richteten ein schreckliches Durcheinander an.

Überall Krümel, und um das Chaos komplett zu machen, warf Daniel eine Tasse Kaffee um und schmierte unglücklicherweise Marmelade an Agnes' Kopfkissen.

»Oh, Gott, Max«, sagte Agnes verzweifelt, »wir dürfen hier sicher nie mehr zurückkommen.«

Max beruhigte sie. Alle Bettbezüge und Laken wurden ja doch jeden Tag gewaschen, ob nun Marmelade und Kaffee drauf war oder nicht.

»Sollten wir dann nicht wenigstens das Zimmermädchen bestechen, damit sie es nicht herumerzählt?« wollte Agnes trotzdem noch wissen.

»Nein, Engel. Dies hier ist ein Hotel. Keine Jugendherberge.«

Nach dem Frühstück fuhren sie in der Gegend herum. Sie sahen sich Durbuy an, die kleinste Stadt Europas, wie die Prospekte vermeldeten. Dort hielten die Besitzer von Oldtimern gerade ein Treffen ab. Sie konnten lange Zeit die Augen nicht von einem hellblauen Bugatti aus dem Jahre 1912 wenden.

»Wenn ich so ein Auto hätte, würde ich es in mein Schlafzimmer stellen«, sagte Agnes.

»Weib«, sagte Max, »was du nicht alles in dein Schlafzimmer schleppst.«

Aber es war lieb gemeint.

Sie fuhren weiter nach La Roche-en-Ardennes, wo Max ihr ein kleines Spielzeugeichhorn kaufte. Es war sechs Zentimeter hoch und hielt eine glänzend polierte Eichel in den Vorderpfötchen.

»Das ist doch hoffentlich wohl Kitsch?« fragte Agnes.

»Aber ja, mach dir keine Sorgen.«

»Wie schön«, sagte Agnes, »ich nenne ihn Max.«

Sie kauften Brot und Ardenner Schinken und picknickten am Fluß, auf einem Stückchen Wiese unter drei hohen Fichten. Sie wurden Zeugen eines Wunders.

Ein Vogel sprang von einem flachen Stein in den Strom, und sie sahen, wie er sich im klaren Wasser über den Grund fortbewegte. Max versprach, zu Hause in Amsterdam nachzuschlagen, was das für ein sonderbarer Vogel war. Die Sonne brach durch die Wolken, es wurde angenehm warm.

»Warum bleiben wir nicht eine Weile hier?« flehte

Agnes. »Ich muß im Moment nämlich gar nichts besichtigen.« Ihr Vorschlag wurde mit den Stimmen der Allgemeinheit angenommen. Agnes legte sich der Länge nach ins Gras und streifte ihren Rock hoch.

»Sobald meine Beine braun sind, gehen wir weiter.«

Sie versprach Daniel, den Rock sofort herunterzuziehen, falls Spaziergänger kämen. Max und Daniel wanderten ein Stück am Fluß entlang. Die Bäume rauschten. Sie hörte die Stimmen von Max und Daniel undeutlich von der Ourthe herüber. Sie betrachtete die Grashalme und sah, daß einige von ihnen richtige Blüten trugen.

Sie dachte nach und entwickelte eine Theorie für sich. Sie würde einfach nicht mehr an die Zukunft denken, beschloß sie, und sich nicht mehr um das Morgen sorgen. Es ging ums Jetzt. Und ihre Zukunft würde ein ständig höherwerdender Stapel schöner Erinnerungen sein. So glitt sie zufrieden in den Schlaf.

Daniel weckte sie.

»Agnes«, sagte er, noch keuchend vom Laufen, »wir haben einen Damm gebaut, kommst du ihn ansehen?« Sie ließ sich mitführen, mit dicken Schlafaugen, wodurch alles angenehm verschwommen aussah. Sie inspizierten den Damm und gingen danach in den Wald hinein. Agnes konnte verhindern, daß Daniel auf einen Baum kletterte.

»Willst du dir wieder den Arm brechen?« fragte sie.

»Nein, Agnes«, sagte der Junge brav.

So wurde es sechs Uhr, und sie kehrten auf einem kleinen Umweg ins Hotel zurück. Im Auto hatte Agnes beschlossen, an diesem Abend beim Essen zur Abwechslung keinen Wein zu trinken.

Aber daraus wurde nichts. Zwar trank sie zunächst als Aperitif nur ein Gläschen Mineralwasser, aber als Max seinen zweiten Weißwein bestellte, »machte sie lieber doch auch mit«. Und beim Essen bekam sie unversehens immer größeren Durst.

»Wollen wir noch so eine Flasche trinken?« fragte Max, wartete die Antwort gar nicht erst ab und bestellte.

Wie ein erwachsener junger Mann kündigte Daniel an, daß er jetzt mal in sein Bett ginge. Nein, Agnes mußte ihn nicht extra nach oben bringen, das konnte er auch alleine. Er verteilte eine Runde Gutenachtküsse und verschwand.

»Max«, fragte sie, »ist Daniel wirklich der Engel, für den ich ihn halte?«

»Ja«, sagte Max.

»Max, ich hab Angst, daß ich betrunken werde, ist das schlimm?«

»Nein«, sagte Max.

Aber als der Wein alle war, beschloß sie, daß sie genug hatte. Sie wollte keinen Kaffee mehr und auch nichts zum Kaffee dazu.

»Laß uns bald hinaufgehen.«

Oben war alles wieder da. Die plätschernde Ourthe, die singende Nachtigall und das duftende Geißblatt.

»Max, halte mich fest«, flüsterte sie, als sie im Bett lagen.

Aber Max schlief schon.

Daniel hatte Agnes gefragt, ob sie das eigentlich nicht öfter machen könnten, für ein paar Tage in die Ardennen fahren, und Agnes hatte ihm versprochen, in dieser Beziehung ihr Allerbestes zu tun. Bei der Finanzierung einer solchen Reise sei sie aber von Max oder anderen Leuten abhängig, denn sie selbst könne sich so etwas nicht leisten.

»Heißt das, wir sind arm?«

»Ein bißchen schon.«

»Wirklich arm?« wollte er wissen.

»Zu arm für die Ardennen.«

Daniel versprach, unmittelbar nach der Schule sofort reich zu werden. Dann würden sie das Hotel kaufen und darin wohnen, und Max würde einen eigenen Flügel bekommen.

»Abgemacht«, sagt Agnes.

Und sein Vater Daan würde die Bar übernehmen.

Auch das fand Agnes gut so.

»Ich hab dich ja seit einer Ewigkeit nicht mehr gesehen«, sagte Willem in der Kneipe. Er küßte sie feierlich auf beide Wangen, während er seine großen Hände auf ihre Schultern legte. Agnes wollte gerne einen Weißwein, zögerte den Alkohol aber noch etwas hinaus, indem sie zuerst zwei frischgepreßte Orangensaft bestellte.

Eine Stunde später war es wie früher. Immer mehr Freunde und Bekannte hatten sich dazugesetzt, es herrschte die muntere Verschwörerstimmung, wie wenn Schüler gemeinsam schwänzen. Es wurde spät und später. Agnes fühlte sich angenehm benommen. Zwar hatte sie ein bißchen Hunger und hoffte, jemand würde das erlösende Wort sagen »Warum gehen wir nicht alle irgendwo was essen«. Für ein ganz bescheidenes Häppchen hatte sie noch genügend Geld. Aber immer stand da schon ein neuer Weißwein. Aus den Augenwinkeln sah sie, wie Bert das Lokal betrat. Sie bückte sich, um angeblich etwas vom Boden aufzuheben, und sah unter dem Tisch, daß er durch die Kneipe in eine andere Ecke marschierte und sich dort außer Sichtweite niederließ. Bert hatte bei einer früheren Gelegenheit so schmerzlich verwirrt auf ihre Begegnung reagiert, daß Agnes eine Wiederholung vermeiden wollte.

Etwas später ging sie auf die Toilette und sah, daß sich auf der anderen Seite der Kneipe ein ähnlich munterer Kreis fröhlicher Trinker gebildet hatte.

Arthur war dabei.

Als sie gerade an ihm vorbei wollte, lehnte er sich mitsamt seinem Stuhl leicht hintenüber und sagte zu ihr: »Ich höre, du behilfst dir momentan mit einer Schwuchtel, hast du nicht Angst vor Aids?«

Das hätte er lieber nicht sagen sollen. Agnes holte aus und traf ihn mit der geballten Faust voll auf die Nase. Er kippte mitsamt dem Stuhl nach hinten um und wäre zweifellos mit dem Hinterkopf auf dem harten Boden aufgeschlagen, wenn sein Fall nicht von einem dicklichen Mädchen gebremst worden wäre, das seinen Kopf zu ihrer Verwunderung mit ihren Schenkeln auffing. Alles sprang auf. Von allen Seiten kamen Leute herbeigerannt.

Willem führte die mittlerweile schluchzende Agnes in eine neutrale Ecke und redete ihr beruhigend zu. Er wollte natürlich wissen, was genau passiert war, und vor allem warum.

»Er soll seine gemeine Schnauze halten!« brüllte Agnes ungewöhnlich grob für ihre Verhältnisse.

Auf der anderen Seite wurde Arthur versorgt. Er hatte Nasenbluten, sein rechtes Auge begann furchterregend anzuschwellen. Das dickliche Mädchen betupfte ihm Nase und Augen mit immer neuen Papiertaschentüchern. Ein anderes Mädchen mit einer dichten krausen Mähne rief die ganze Zeit, es sei nichts Schlimmes passiert.

»Möchtest du von hier weggehen?« fragte Willem.

»Bist du verrückt?« brauste Agnes auf. »Wenn einer geht, dann er!«

Sie hörte, wie Bert in der Ferne »Bitte eine Lokalrunde« murmelte.

Dann kamen verschiedene Unterhändler zu ihr.

Komm, sagten sie, wir wollen die ganze Sache hinunterspülen. Was war eigentlich genau passiert? Wir wollen doch nicht so ungemütlich sein. Eine Viertelstunde später hatten die Umstehenden Agnes und Arthur einander gegenüber gesetzt. Man verlangte die Versöhnung.

»Es tut mir leid«, sagte Arthur. »Ich hätte das nicht sagen sollen.«

Er sah traurig aus, sein Auge war halb zugeschwollen, und er hielt sich ein Taschentuch unter die Nase. Die Worte kamen nur gepreßt heraus. Agnes hätte ihn eigentlich am liebsten in die Arme genommen. Aber sie riß sich zusammen.

»Ich hätte nicht zuschlagen dürfen«, sagte sie stattdessen.

»Doch, doch«, sagte Arthur, »nur nicht so fest.«

Sie spülten es hinunter. Richtig gemütlich wurde es nicht mehr, der Wein schmeckte Agnes auch nicht richtig, und daher verließ sie das Lokal lange vor der Sperrstunde.

Als sie auf dem Heimweg durch die stillen Straßen ging, fing es an zu regnen. Sie stellte sich nicht unter, und als sie zuhause in den Spiegel schaute, sah sie aus wie jemand, der gerade sein Diplom im Bekleidetschwimmen gemacht hat.

Sie rief Max an, aber der nahm nicht ab.

Agnes war zwei Wochen über die Zeit. Das hieß gar nichts, beruhigte sie sich. Schließlich hatte sie von einem Tag auf den anderen mit der Pille aufgehört, und es war nur logisch, daß ihr Körper deshalb ein bißchen durcheinander war. Woran man wieder sehr schön sehen konnte, was diese blöde Pille für ein giftiges Zeug war. Außerdem erinnerte sie sich an ihre Freundin Judy, die auch mit der Pille aufgehört hatte, weil sie und Eberhard beschlossen hatten, ein Kind zu kriegen, und bei der es mindestens anderthalb Jahre gedauert hatte, bevor sie endlich schwanger wurde. Das hatte sie übrigens schon von verschiedener Seite gehört, daß man direkt nach dem Absetzen der Pille nur sehr mühsam schwanger wurde. Nein, es war überhaupt nichts los. Natürlich war überhaupt nichts los. So ein Unsinn. Aber nach drei Wochen war sie immer noch über die Zeit und eines Morgens, als sie schläfrig und halb automatisch anfing, Kaffee zu kochen, wurde ihr auf einmal schlecht beim Gedanken an Kaffee.

»Tja, Agnes«, sagte der Arzt, »ich weiß nicht, ob ich dir Glück wünschen oder lieber kondolieren soll, denn du bist guter Hoffnung.«

»Sowas Ähnliches hatte ich mir schon gedacht«, sagte Agnes schafsartig.

»Was meinst du mit ›sowas Ähnliches‹?« fragte der Arzt, aber er fand es gar nicht komisch.

Agnes fand es anfangs zuhause wohl komisch, als es richtig zu ihr durchdrang. Was für eine lächerliche Situation! Schwanger, und Max, der Schatz, war der Vater.

Etwas mußte geschehen, das war klar. Sie mußte unbedingt jemanden nach der üblichen Prozedur fragen. Aber wen? Nach längerem Nachdenken beschloß sie, sich in Gottesnamen doch an Bea zu wenden, denn die wußte in diesen Dingen immer Rat. Die paar Mal, die Bea bei ihr angerufen hatte, war Agnes so kühl wie möglich gewesen, und Bea hatte ihrerseits absichtlich viel Schuldbewußtsein in ihre Stimme gelegt, aber von einer ausgesprochenen Verstimmung konnte nicht die Rede sein. Sie wählte Beas Nummer und bekam Johan an den Apparat, der sofort »Hallo, Schönheit« rief, bevor er den Hörer an Bea weiterreichte. Agnes fiel mit der Tür ins Haus.

»Bea«, sagte sie, »ich bin verdammt nochmal schwanger. Was soll ich tun?‹

»MR '70!« rief Bea munter.

Diese Buchstaben- und Zahlenkombination und der Ton, mit dem sie gerufen wurde, ähnelte den internen Mitteilungen, die man immer im Kaufhaus hörte.

MR '70 war offenbar der Name einer Abtreibungsklinik. Es störte Agnes doch ein bißchen, daß Bea ohne weiteres und sofort auf diese Lösung verfallen war, aber sie sagte sich, daß dies sentimentaler Unsinn sei. Was hätte sie denn lieber gehört? »Ach, Agnes, entzükkend, wann gehen wir zusammen Babysachen einkaufen?« Dafür hätte sie jemand ganz anderen anrufen müssen. Zum Beispiel Max.

Der reagierte tatsächlich begeistert.

»Ach, Engel, entzückend!« rief er. »Wer hätte das je gedacht, daß ich noch eines Tages Vater werde?«

Er umarmte sie.

»Bewegt es sich schon?« fragte er.

»Moment, Moment«, sagte Agnes, »freu dich nicht zu früh.« Sie fand seine Begeisterung überaus rührend, aber auch höchst unpraktisch. Es dauerte einen ganzen Nachmittag, bis sie Max davon überzeugt hatte, daß von Herrlich-Zusammen-ein-Kind-Kriegen keine Rede sein konnte. Wie stellte er sich das vor? So ein Kind bedeutete ja nicht nur Schwangerschaft und Geburt, sondern anschließend noch zirka achtzehn Jährchen, die man am Kind festsaß. Gefühlsmäßig sogar für den Rest seines Lebens.

»Max«, sagte sie, »lieber Max, wirklich... das schaffe ich nicht.«

Max hatte dann noch einen Versuch gemacht, ihr die Rolle der Leihmutter schmackhaft zu machen, er selbst würde sich um die Aufzucht des Kindes kümmern – er nannte die Namen einer ganzen Reihe von Homosexuellen, die vorbildliche Väter geworden waren –, aber schließlich hatte er resigniert.

Beide Male begleitete er sie in die Klinik. Das erste Mal zur Untersuchung, das zweite Mal zur Behandlung.

»Trotzdem ist es eine Todsünde«, flüsterte er im Wartezimmer.

»Max«, sagte Agnes, »bitte... sei kein Frosch.«

»Okay«, sagte Max. Er hielt ihr die Hand, bis sie an der Reihe war.

Und auch beim zweiten Mal, als es geschehen sollte, saß er neben ihr und flößte ihr Mut ein.

»Es geht blitzschnell«, sagte er.

Er klopfte ihr beruhigend auf die Hand.

»Heutzutage sind sie so patent«, fügte er hinzu.

Daraufhin fingen sie wie die kleinen Kinder zu kichern an.

Er bestand darauf, sie anschließend mit einem Taxi nach Hause zu bringen. Sie saßen hinten, und Agnes hatte ihren Kopf auf seine Schulter gelegt.

»Wie fühlst du dich jetzt?« fragte Max.

»Modern«, sagte Agnes.

Agnes fühlte sich danach tagelang unbehaglich. In ihrem Kopf bohrte es. Was sie am meisten störte, war, daß der Entschluß so schnell gefallen war. Liebend gern hätte sie nun mit jemandem darüber gesprochen, aber der einzige, der dafür in Frage kam, war Max. Und sie hatte solchen Bammel davor, daß er »Siehst du wohl?« rufen würde.

Sie rief ihn trotzdem an und traf ihn zu ihrer Überraschung zuhause an.

»Max«, sagte sie, »würdest du wohl einer dieser Tage bei mir vorbeikommen, um ein Stündchen Gejammer anzuhören?«

»Oh Gott, Engel, ich höre schon«, sagte Max, »ich komme sofort zu dir. Jetzt.«

Max sagte absolut nicht: »Siehst du wohl?«

Max sagte zuerst nichts und nahm sie schweigend in die Arme.

Daraufhin beschloß Agnes, ein einzigesmal nicht zu weinen.

»Es wird wieder gut«, sagte Max schließlich, »wirklich, es wird wieder gut.«

»Aber es ging alles so schnell«, sagte Agnes, »ich hätte viel länger drüber nachdenken sollen.«

»Und wenn du länger drüber nachgedacht hättest, hättest du dann doch ... ein ...?«

Der gute Max, dachte Agnes, er bringt das Wort ›Kind‹ nicht über die Lippen.

»Nein«, sagte Agnes, »wenn ich länger, also ein paar Wochen drüber nachgedacht hätte, hätte ich mich auch so entschieden.«

»Na ja, dann«, sagte Max.

»Ja, schon«, sagte Agnes, »aber dann hätte ich es mir wenigstens gut überlegt gehabt, bevor es passiert ist. Jetzt ist es passiert, und ich sitze da und denke hinterher nach. Das stört mich so sehr.«

Sie stand auf und ging ans Fenster.

»Max«, sagte sie, »ich fühle mich schuldig.«

»Calvinistin«, sagte Max zu ihrem Rücken. Er stand auf und stellte sich neben sie. Er legte ihr den Arm um die Schulter und sagte: »Meine liebe kleine Calvinistin. Wir schuldig hättest du dich wohl gefühlt, wenn du es behalten hättest? Ich kenn dich doch!«

»Ja«, sagte Agnes. »Ja ... das ist sicher richtig. Ach, du lieber Himmel, ja. Oh, Max, ich tauge wirklich in keiner Hinsicht.«

Dann weinte sie doch. Max führte sie zum Sofa und drückte ihren Kopf an seine Brust. »Nur zu«, flüsterte er, »wein dich mal gründlich aus.«

Das tat sie auch.

»Lieber Himmel«, sagte sie kurz darauf, »dein ganzes Hemd ist klitschnaß. Soll ich es waschen?«

»Waschen?« fragte Max. »Sind deine Tränen denn so dreckig?«

»Dann koch ich uns jetzt einen guten Kaffee.«

»Nein, überhaupt nicht«, sagte Max, »wir gehen zusammen in der Stadt Kaffee trinken.«

Als sie durch den Vondelpark gingen, sagte Agnes: »Ich bin im Leben noch nie so vielen schwangeren Frauen und Frauen mit Kinderwagen begegnet wie in der letzten halben Stunde. Max, tu was dagegen.« Als sie in der Ferne wieder eine Frau mit Kinderwagen herankommen sahen, rief Max laut: »Kschschsch!«, wie zu einem Hund. Es schien, als ob die Frau es gehört hatte, denn sie schlug sich hastig auf einem Seitenweg in die Büsche und verschwand aus dem Blickfeld.

»Na?« fragte Max, »bin ich dir eine Stütze?«

»Du bist toll«, sagte Agnes.

Sie tranken ihren Kaffee auf einer Terrasse an der Gracht. Es war da sehr angenehm bis zu dem Augenblick, als weiter vorne ein Lieferwagen hielt, um sehr viel abzuliefern, worauf sich hinter ihm eine lange Autoschlange bildete. Jeder machte den Motor aus, bis auf den Fahrer, der direkt vor der Terrasse stand. Sie versuchten, seine Aufmerksamkeit auf sich zu lenken, und Max machte, als der Mann in ihre Richtung schaute, die Handbewegung vom Schlüsselumdrehen. Der Mann hievte sich langsam aus seinem Auto und stützte sich auf das Dach.

»Was willst du denn, du Arschficker?« sagte er langsam.

»Ihr Auto riecht nicht angenehm«, sagte Max.

»Ihr Auto riecht nicht angenehm«, imitierte ihn der Mann mit affektierter Piepsstimme.

Agnes war aufgesprungen.

»Ich hau dem Kerl eins in die Schnauze«, verkündete sie. Aber Max konnte sie gerade noch zurückhalten. Er zahlte und führte sie in aller Eile in die andere Richtung davon.

»Agnes«, sagte er, »du kennst dich in solchen Dingen nicht aus, aber dieser Typ hier schlägt zurück, ungeachtet von Rasse, Hautfarbe, politischer Überzeugung und Geschlecht. Du kannst dich bei mir bedanken.«

»Ich bin dir auch sehr dankbar«, sagte Agnes, »ich schlage in letzter Zeit ziemlich viel, warum, weiß ich nicht. Vor ein paar Wochen hab ich meinem früheren Freund ein blaues Auge geschlagen.«

»Hat er zurückgeschlagen?«

»Nein, dazu kam er nicht mehr. Ich stand und er saß, und dann fiel er mit Stuhl und allem um. Ich kämpfe sehr gemein, weißt du.«

»Das ist auch die einzige Art«, fand Max.

Bei einer Blumenbude kaufte er einen ganzen Eimer voller Rosen und schenkte sie Agnes.

»Hier, Champion«, sagte er und küßte sie auf die Augen.

Als Daniel wieder in die Schule mußte, bekamen die Tage ihren Rythmus zurück. Agnes stand jeden Morgen um halb acht auf und machte Frühstück, außer an den Tagen, an denen sie abends zuvor in der Kneipe gewesen war. Dann hörte sie ihn in der Küche rumoren, manchmal ließ er einen Löffel fallen, manchmal zerbrach er eine Tasse oder einen Teller, und Agnes lag mit klopfenden Schläfen und stechendem Schmerz über den Augen im Bett und kam sich vor wie eine Rabenmutter. Aber sie konnte kein Glied rühren. Wenn er dann vor seinem Abmarsch in ihr Zimmer kam und sie vorsichtig auf die Wange küßte, stellte sie sich meist schlafend. Manchmal sagte sie: »Tschüß, mein Schatz, morgen mach ich dir wieder Frühstück, ja?« und bekam dann zur Belohnung noch einen Kuß. Max blieb zehn Tage verschwunden. Sie hatte sich vorgenommen, ihm nicht mit Anrufen und der Frage lästig zu fallen, wo er denn bliebe. Sie wußte, daß Männer so etwas nicht schätzten. Vor langer Zeit hatte sie sich damit irgendwie abgefunden, auch wenn sie es nicht verstand. Sie selber hätte es phantastisch gefunden, wenn jemand sie angerufen und gefragt hätte: »Agnes, wo bleibst du denn? Ich vermisse dich so.« Es war schon sehr lange her, daß jemand so etwas zu ihr gesagt hatte. Eigentlich nur Daan, hielt sie sich vor. Ja, aber Daan zählte nicht. War das nicht ein bißchen inkonsequent? Und wie. Aber Agnes konnte konsequente Menschen nicht leiden. Jeder, den sie mochte, war ziemlich inkonsequent. Vor allem Max. Ein Homosexueller, der es auch mit Frauen »trieb«, war das nicht der Gipfelpunkt herrlichster Inkonsequenz? Der gute Max.

Aber Max trieb es nicht mehr. Als er nach anderthalb Wochen wieder auftauchte, hatte Agnes die übliche Flasche Weißwein entkorkt. Max war charmanter gewesen denn je, und Agnes wurde mit jeder Minute verliebter. Als die zweite Falsche halbleer war, machte sie Anstalten, ihn zu verführen. Sie hätte es da schon wissen können: seine Küsse hatten etwas Verschrecktes. Trotzdem ging er mit ihr ins Schlafzimmer. Er lag neben ihr, streichelte ihre Haare und wartete geduldig auf eine Erektion.

»Max«, flüsterte Agnes, »wir können es auch genausogut sein lassen. Das macht nichts.«

Max lächelte, ein bißchen traurig.

»Hast du es plötzlich mit der Angst zu tun bekommen, Max, nach allem, was geschehen ist?«

»Gott, Engel, woher soll ich das wissen? Ich hab so wenig Einfluß auf das, was dort unten passiert.«

»Oh, lieber Max, wie vornehm du dich ausdrückst.«

Sie streichelte ihm die Haare.

»Schlaf gut.«

Innerhalb von zehn Minuten schlief er.

Beim Frühstück am anderen Morgen erzählte Max, was los war.

»Es hat nichts mit dir zu tun«, sagte er, »aber …«
»Du hast wieder einen Freund«, erriet Agnes.
»Ja«, nickte Max.
Sie konnte die blöde Frage, die sie letztes Mal gestellt hatte (Ist er nett?), gerade noch unterdrücken.
Aber Max spürte es und sagte: »Er ist sehr nett.«

Paul war wirklich sehr nett. Max hatte ihn ihr vorgestellt, und zu dritt waren sie bei Kafka essengegangen. Agnes hatte schon lange kein so entspanntes Essen mehr erlebt. Paul war jemand wie Max. Er machte Agnes die ganze Zeit Komplimente und gestand, daß er in Zeiten, da er sich manchmal wie ein »Normalo« benahm – so drückte er es aus –, immer auf Typen wie sie flog.
»Bin ich denn ein Typ?« fragte Agnes.
»Ja«, sagte Paul, »ein seltener Typ.«
»Und ich hatte gehofft, ich wäre einmalig«, sagte Agnes, warf sich aber im stillen sofort diese Art von Koketterie vor.
»Ein einmaliger Typ«, sagte Paul lächelnd.

Nach dem Essen brachten sie Agnes heim. In einem Abendgeschäft kauften sie eine Flasche Champagner, die sie bei Agnes zuhause ins Gefrierfach steckten, bevor sie sie öffneten. Gegen halb zwei brachen Paul und Max auf. Sie standen alle drei noch lange auf dem Treppenabsatz und redeten, dann wurde sie von beiden Männern ausführlich zum Abschied geküßt und sah ihnen nach, wie sie die Treppe hinuntergingen. Sie war einen Geliebten los und hatte zwei Freunde gewonnen. Zu ihrer Verblüffung war sie darüber erleichtert und froh.
»Also gut«, sagte sie beim Zähneputzen munter, »morgen fange ich mal wieder ein ganz neues Leben an.«

Agnes stürzte sich neuerlich mit Feuereifer auf ihre hausfraulichen Pflichten. Sie schrubbte den Küchenboden und raste wie eine Verrückte mit dem Staubsauger durch die Wohnung. Sie verschob sogar Schränke und Betten, um jahrelang vergessene Stellen gründlich zu reinigen. Jahrhundertschmutz kam zum Vorschein, darunter drei Kugelschreiber, sieben Büroklammern und ein zerknülltes Briefchen von Arthur. *Ich küsse dich. Muß weg. Rufe dich noch an. Tschüß. Ar.* Das mußte wohl ein sehr altes Briefchen sein, denn Agnes hatte seinerzeit sehr schnell beschlossen, daß der Kosename »Ar« unmöglich war. Sie ging sogar so weit, daß sie faktisch den ganzen Inhalt von Daniels Kommode wusch und bügelte, hauptsächlich weil sie beim Aufräumen des Flurschranks das Bügelbrett wiedergefunden hatte, hinter einem hohen Stapel Zeitschriften. Es war eines dieser praktischen Geschenke gewesen, die Daan so gern gemacht hatte.

Ach ja, Daan, dachte sie. Er konnte schließlich auch nichts dafür. Der Döskopf. Aber als sie am nächsten Morgen sah, wie Daniel mit einem schneeweißen, tadellos gebügelten Hemd in die Schule abzog, glühte sie vor Stolz. Sie ging mit Daniel zu ihren Eltern essen. Von ihrer Mutter wurde sie mit den Worten begrüßt: »So, Kind, sieht man dich auch mal wieder?« Worauf Agnes beinahe rechtsum kehrtgemacht hätte. Sie riß sich aber zusammen und verbrachte den Abend mit krampfhaft munterem Geplauder. Ihr Vater sah nicht besonders gut aus, fand sie, aber sie entschied, es wäre besser, dies bei anderer Gelegenheit und lieber telefonisch mit ihrer Mutter zu besprechen. Sie hielt bis zehn Uhr durch. Danach war sie erschöpft. In die Kneipe ging sie nicht.

Zwei Wochen vergingen so. Dann war die Wohnung sauber, die Wäsche gebügelt, die Küche aufgeräumt und nichts mehr zu tun. Agnes saß auf dem Sofa und schaute sich um. Was nun? Alles schnell wieder dreckig machen, etwas anderes blieb ihr vorläufig kaum übrig. Statt zufrieden zu sein, fühlte sie sich leer, wie nach einer sportlichen Leistung.

Soll ich irgendwas Schönes unternehmen? Sie stand vom Sofa auf, stellte sich ans Fenster und schaute hinaus. Sie hatte in ihrem Leben schon soviel Schönes unternommen, und es war immer unschön ausgegangen.

Wenn sie nun zur Abwechslung mal etwas schrecklich Langweiliges unternahm, vielleicht ging *das* dann gut aus? Vielleicht sollte sie jemanden besuchen. Als sie die Liste der in Frage kommenden Personen durchgegangen war, schienen alle unmöglich. Bea? Igitt, nein, Willem? Der würde sich verpflichtet fühlen, ihr auf eine spezielle mutlose Art den Hof zu machen, und sie schauderte ein bißchen bei dem Gedanken. Arthur? Dem würde sie wahrscheinlich innerhalb von fünf Minuten wieder ein blaues Auge schlagen, oder wieder ein schleppendes Verhältnis mit ihm anfangen. Nein, Arthur war ganz unmöglich.

Zuhausebleiben war am besten. Warum hatte sie kein Familiensilber? Das hätte sie putzen können.

Stattdessen putzte sie ihren Teekessel und kochte Tee. Sie füllte Kekse in eine Schale und wartete darauf, daß Daniel aus der Schule käme. Aber Daniel kam nicht. Titias Mutter rief an, um ihr zu melden, daß Daniel zum Essen und über Nacht bleiben würde, denn Titia hatte Geburtstag, und da gingen sie alle zusammen ins Kino.

»Oh, wie lustig!« rief Agnes, hatte aber offenbar ihre Stimme nicht ganz unter Kontrolle, denn Titias Mutter zögerte und fragte: »Sie finden es doch gut, oder?«

»Aber natürlich«, rief Agnes, »natürlich.«

Wütend trank sie fünf Tassen Tee und aß sieben Kekse.

In die Kneipe ging sie nicht.

Sie war gerade dabei, mit einem Buch ins Bett zu kriechen, als das Telefon klingelte. Sie dachte kurz daran, es einfach klingeln zu lassen, aber es konnte etwas mit Daniel sein, deshalb nahm sie ab.

»Hallo«, sagte Arthur, »geht's dir gut?«

»Nein«, sagte Agnes.

»Soll ich zu dir kommen?«

»Nein«, sagte Agnes und legte auf.

Sie ging ins Bett, las eine Zeile, schob dann das Buch weg, drehte sich um und machte die Augen zu. Sie schlief zwölf Stunden hintereinander.

Am anderen Morgen faßte sie auf der Bettkante drei Entschlüsse.

1.) Alles mußte anders werden.

2.) Sie würde etwas Nützliches tun.

3.) Sie blieb für alle Zeiten solo.

Bei näherer Betrachtung änderte sie Punkt 3.

Statt »für alle Zeiten« setzte sie »vorläufig« ein.

Sie nahm ein Bad, zog sich an und verließ das Haus.

Sie trat bei Metz & Co. ein und fand Bea hinten im Geschäft.

»Bea«, sagte sie, »ich suche Arbeit.«

»Ich auch«, sagte Bea, »ich bin gerade entlassen worden.«

Agnes strich unverzüglich Punkt 2.

Das Mittagessen mit Bea zog sich in die Länge. Als es Zeit wurde, Daniel von der Schule abzuholen, saßen sie erst beim Nachtisch und hatten beide keine Lust, aufzuhören.

»Weißt du was?« sagte Agnes, »ich laufe schnell zu seiner Schule, und dann kommen wir beide hierher zurück.«

Wie immer war Daniel bei den allerletzten, die die Schule verließen.

»Komm schnell«, sagte Agnes und nahm ihn bei der Hand.

»Was ist denn los?« fragte Daniel.

Agnes erklärte ihm die Situation, und sie tat es so überzeugend, daß auch Daniel es lebenswichtig fand, so schnell wie möglich zur wartenden Bea zu rennen.

Unterwegs kauften sie in fliegender Hast ein paar Comics und plumpsten schließlich keuchend bei Bea am Tisch nieder.

»Hallo, Schatz«, sagte Bea, »wie geht es dir?«

Daniel dachte eine Weile nach.

»Gut«, sagte er schließlich, nahm seine Comics und fing konzentriert an zu lesen. Das Problem war, was ihn betraf, abgehandelt.

»Kaffee?« fragte Bea.

Sie tranken Kaffee. Und etwas dazu. Gegen fünf Uhr beschlossen sie, wieder zu Wein überzugehen.

Gegen halb sechs sagte Bea: »Hör mal... ich hab schon wieder Hunger. Du nicht?«

»Willst du etwa wieder hier essen?« fragte Agnes.

»Warum nicht? Schließlich haben wir nur was Leichtes zu Mittag gegessen. Daniel, möchtest du was essen?«

Daniel hörte nichts.

»Daniel«, sagte Agnes, »hast du Hunger?«

Daniel schaute von seinem Heft auf.

»Hunger?« fragte er.

»Appetit«, sagte Bea.

»Willst du was essen?« fragte Agnes.

Bea winkte der Kellnerin und sagte, sie würden gerne wieder einen Blick in die Speisekarte werfen.

»Gemütlich, nicht?« flüsterte Agnes zu Daniel.

»Ja, ja«, sagte der Junge und vertiefte sich wieder in sein Heft. Als er kurz darauf selber etwas auf der Speisekarte aussuchen durfte, wurde er etwas enthusiastischer.

»Was ist denn Ritz de Vejau?« fragte er und zeigte mit dem Finger drauf.

»Das ist Bries, mein Schatz«, sagte Bea.

»Was ist Bries?« fragte er wieder.

»Du wirst es bestimmt mögen«, sagte Agnes, aber zu spät. Bea erklärte dem Jungen bereits, Bries sei eine Art Drüse.

»Igitt«, sagte Daniel und ekelte sich. Schließlich nahm er ein unverfängliches Gericht mit Huhn.

»Laß uns diesmal aber einen besonders guten Wein nehmen«, flehte Bea, »schließlich werde ich ja nicht alle Tage entlassen.«

Und sie bestellte einen Chateau Talbot '79 für hundertfünf Gulden.

»Geld ausgeben«, sagte sie zu Agnes, »ist das einzige, was mich noch ein bißchen aufrecht erhält.«

Es dämmerte langsam. Agnes spürte plötzlich den Wein. Das Behagen, das sich sonst dabei meist einstellte, blieb aus. Stattdessen bekam sie es plötzlich mit der Angst zu tun, als drohe Gefahr. Sie aß, schmeckte aber kaum etwas.

»Noch einen Kaffee?« fragte Bea, als sie fertig waren.

»Nein«, sagte Agnes, »ich will nach Hause. Ich muß nach Hause.«

»Was ist denn los?«

»Ich weiß es nicht.«

Bea sah, daß es ernst war. Sie zahlte und ließ ein Taxi kommen. Sie begleitete Agnes in die Wohnung hinauf. Gemeinsam brachten sie Daniel ins Bett. Danach saß Agnes auf dem Sofa und starrte vor sich hin.

»Bea,« sagte sie, »es geht mir nicht gut.«

»Aber was ist denn los, um Himmels willen?«

»Ich weiß es nicht. Ich weiß es nicht.« Was soll ich nur sagen? dachte sie. Daß ich eine Panik habe? Aber was für eine Panik? Was empfinde ich denn?

»Bea«, sagte sie, »ich fühle mich so furchtbar überflüssig.«

»Jesus«, sagte Bea, »du brauchst Hilfe. Die Hilfe eines Fachmanns.«

»Erst gehe ich lieber ins Bett«, sagte Agnes.

»Möchtest du eine Schlaftablette?« fragte Bea, »ich habe sehr gute. Soll ich sie holen?«

Aber Agnes sagte, sie käme auch ohne Tablette zurecht.

Sie kroch in ihr Bett, und Bea saß am Fußende und schaute sie an.

»Kann ich noch was für dich tun? Möchtest du noch etwas?«

Agnes schüttelte langsam den Kopf.

»Dann schlaf jetzt mal gut«, sagte Bea. Sie deckte Agnes zu und machte das Licht aus. Agnes hörte, wie sie die Treppe hinunterging und die Haustür zuschlug. Sie rollte sich zusammen und zog die Decke über den Kopf. Ihr Herz schlug wie verrückt. Sie keuchte vor Angst.

Ich sollte mich mal etwas weniger amüsieren, nahm sie sich vor.

Dann schlief sie ein.

Agnes hatte einen Alptraum. Am andern Morgen erinnerte sie sich noch undeutlich an ein paar Bilder. Sie mußte einen langen Weg entlanggehen, und auf beiden Seiten standen Reihen von Menschen, die sie vorwurfsvoll anschauten. Manchmal stand jemand halb auf dem Weg. Während sie ging, sagte ein Mann leise »Agnes, Agnes« und schüttelte dabei den Kopf. Schlimmer waren manche Frauen. Ihre Gesichter waren haßverzerrt, sie zischten verächtlich.

»Du kommst zu spät!« rief jemand. Agnes hatte angefangen zu rennen. Sie stolperte über irgend etwas und fiel hin. Dabei war sie schweißgebadet aufgewacht. Ein Glas Wasser brachte etwas Erleichterung. Ihr Herzschlag beruhigte sich. Sie überzog das Bett mit frischen Laken und machte das Licht wieder aus. Sie schlief noch einmal ein.

Am Morgen stand sie zittrig auf. Sie machte Frühstück für Daniel und bemühte sich krampfhaft, normal zu sein.

»Warum bist du denn so komisch«, sagte Daniel prompt.

»Ich bin überhaupt nicht komisch«, sagte sie.

»Doch, du bist irgendwie komisch.«

Kurz bevor er aus dem Haus ging, sagte Daniel: »Ich brauche noch das Geld für die Projektwoche. Achtzehn Gulden fünfzig, weißt du noch? Du solltest es mir schon letzte Woche mitgeben.«

Panisch durchsuchte Agnes sämtliche Taschen. Zu ihrer großen Erleichterung konnte sie ihm schließlich den Betrag aushändigen, allerdings nur in Kleingeld. Daniel protestierte und fragte, ob sie es nicht größer hätte.

»Bitte, Daniel«, flehte sie ihn an, »achtzehnfünfzig sind achtzehnfünfzig. Warte, ich tu sie lieber in einen Briefumschlag, sonst verlierst du sie noch.«

Kurz darauf sah sie, wie er die Straße hinunterging, den Briefumschlag an die Brust gedrückt, sein dünner Hals stach wehrlos aus dem Kragen seiner Jacke.

»Hier wird jetzt nicht geheult«, zischte sie sich selber zu.

Um halb elf Uhr rief Bea an.

»Wie geht's dir heute?«

Agnes holte lautlos Luft und sagte: »Gut! Es ist alles vorbei. Nichts passiert!«

»Was hattest du denn gestern abend?«

»Ach, was weiß ich«, sagte Agnes so locker wie möglich, »ich glaube, der Alkohol ist mir nicht bekommen.«

Bea wollte wissen, ob sie sich wirklich keine Sorgen machen mußte.

Nein, wirklich nicht, beschwor sie Agnes.

»Du mußt mal raus«, fand Bea.

Agnes versprach, darüber nachzudenken.

Als sie aufgelegt hatte, zog sie sich an und ging ins Café an der Ecke. Sie zwang sich, die Zeitung von vorne bis hinten durchzulesen und nicht nur die Schlagzeilen. Und zwischendurch dachte sie nach. Sorgfältiger leben, das nahm sie sich vor. Nicht mehr einfach irgendwas tun. Nachdenken. Nicht nur gute Vorsätze fassen, wie bisher, sondern sich auch daran halten. Alles mußte von jetzt ab übersichtlicher werden. Sich nicht mehr nur mit dem Strom treiben lassen, sondern selber schwimmen. Mit kräftigem Schlag. So war das. Sie faltete die Zeitung zusammen, zahlte ihre zwei Cappuccino und ging beschwingten Schritts wieder nach Hause.

Vor der Tür stand Arthur.

»Hallo«, sagte er, »ich will mit dir reden.«

Reden. Nachträglich mußte Agnes darüber noch am meisten lachen. Denn von dem Augenblick an, da Arthur oben bei ihr in die Wohnung trat, wußte Agnes, daß sie unwiderruflich verloren war. Nein, viel geredet wurde nicht. Die paar Worte, die Arthur sprach, waren genau diejenigen, die Agnes vollkommen wehrlos machten.

Und als er sie vorsichtig berührte, fühlte sie sich in einem warmen Bad der Willenlosigkeit versinken. Als ob sie nach jahrelangem Herumzigeunern endlich in den sicheren Hafen einliefe.

»Nun geht alles wieder von vorne los«, dachte sie, aber ohne Bitterkeit. Sie hatte die Gabe, alte Fehler zu wiederholen und sie gleichzeitig intensiv zu genießen, stellte sie fest. »Ich lerne es nie«, flüsterte sie, »und dabei hatte ich mir so vorgenommen, dich nie mehr zu sehen.«

»Wir lernen es alle beide nicht«, sagte Arthur leise, während er sie hochhob und ins Schlafzimmer trug.

Daniel wunderte sich nicht besonders, als er beim Nachhausekommen Arthur auf dem Sofa sitzen sah.

»Hallo«, sagte er.

Aber zum ersten Mal in ihrem Leben konnte Agnes ihrem Sohn nicht in die Augen schauen.

Arthur benahm sich mustergültig. Er war mehr oder weniger bei Agnes eingezogen, und wenn er sich ab und zu in seiner eigenen Wohnung verschanzte, um zu arbeiten, machte er davon gewissenhaft Mitteilung. Auch telefonierte er manchmal um sechs Uhr und rief in den Hörer: »Ich komme ein halbes Stündchen später, ist das okay?«

Agnes hatte gehofft, daß sie hiermit unsagbar glücklich wäre. Aber zu ihrem Verdruß beengte sie das nur. Es ist ja grade, dachte sie, als ob wir Papa und Mama spielen. Und weil Arthur so lange ununterbrochen bei ihr war, fand Agnes ihre Wohnung auf einmal zu klein.

Manchmal kam sie gedankenlos aus der Küche und sah einen Mann auf dem Sofa sitzen. Wer war das doch gleich wieder? dachte sie dann für den Bruchteil einer Sekunde. Ach... das war ja Arthur. Arthur ist wieder da. Immer öfter hatte sie Tage, an denen sie sehr wohl gern allein gewesen wäre, wie sie feststellte. Sie hing nicht mehr wie früher atemlos an seinen Lippen, schlimmer noch, sie ertappte sich ab und zu bei dem heimlichen Gedanken: Halt doch bitte mal den Schnabel! Aber sie sprach ihn nicht aus.

Daniel ging seinen eigenen ruhigen Gang. Erst als Arthur – wie angekündigt – ein paar Tage wegblieb, fand Agnes wieder in die alte Vertrautheit mit ihrem Sohn. Sie führten dann kleine subtile Gespräche, voller unausgesprochener Geheimnisse und stillschweigender Abmachungen. Sie merkte, daß sie diese Augenblicke zu horten begann. Als ob sie wunderschöne Fotos in ein Album kleben würde.

Es war sehr beunruhigend.

Nachts wurde sie wach, hörte Arthurs leises Schnarchen neben sich und begann zu grübeln. Was willst du nun eigentlich? fragte sie sich. Kann man's dir niemals rechtmachen? Jetzt hast du deinen wundervollen Arthur da, wo du ihn haben wolltest, und fängst schon wieder an zu jammern?

Sie stand dann leise auf und schenkte sich in der Küche ein Glas Wein ein, oder Kognak, je nach dem, was an diesem Tag übriggeblieben war. Und während sie auf das abgenützte Blatt ihres Küchentisches starrte, versuchte sie, gründlich nachzudenken. Und jedesmal kam sie wieder zu dem Schluß: »Es liegt an mir.« Sie ging dann ins Bett zurück, küßte den schlafenden Arthur vorsichtig hinter das Ohr und schlief wieder ein. Einmal war er dabei aufgewacht, und sie hatte mit ihm geschlafen, mehr aus Schuldbewußtsein denn aus Lust.

Erst wenn Arthur länger als zwei Tage weggeblieben war, begann sie ihn zu vermissen. Am ersten Tag seiner Abwesenheit verspürte sie eine verblüffte Erleichterung. Sie atmete freier. Und auch Daniel schien ihr etwas munterer. Nach drei, vier Tagen Ruhe kam dann der Moment, wo sie dachte: Ich würde Arthur gerne mal wieder sehen. Und im Gegensatz zu früher war dies auch genau der Moment, da Arthur wieder vor ihrer Türe stand und sie sich aufrichtig freute, ihn wiederzusehen. Und doch scheuerte irgend etwas. Es knirschte. Es wackelte.

Eines Morgens, als sie sich wieder mal verzweifelt fragte, was sie nun eigentlich wolle und was um Himmels willen in sie gefahren sei, drang die gräßliche Wahrheit zu ihr durch: Was sie wollte, war eine Fernbeziehung.

»Widerlich!« flüsterte sie ganz entsetzt, »eine Fernbeziehung. Living apart together.«

Sie brach spontan in Tränen aus.

»Das niemals«, schluchzte sie, »oh Gott... das niemals.«

»Warum eigentlich nicht? Was ist daran so gräßlich?« nölte ein Stimmchen in ihrem Kopf.

»Das kann ich dir sagen, du blöde Kuh!« schrie sie sich selber an. »Es ist billiger, bürgerlicher und konformistischer als fremdgehen oder ein heimliches Verhältnis haben oder sogar verheiratet sein!«

Fernbeziehungen waren die legalisierte Unverbindlichkeit, fand Agnes, legalisiert nicht per Gesetz, sondern durch Mode und herrschende Meinung.

»Das nie«, beschloß sie fest.

Sie putzte sich die Nase und richtete sich auf. Sie wusch sich das Gesicht und trug eine Nährcreme auf. Immer, wenn sie das Wort »Nährcreme« auf dem Glastopf las, mußte sie lachen.

Dann verließ sie energisch die Wohnung und marschierte direkt zu Arthurs Domizil.

»Hier bin ich«, sagte sie, als er öffnete.

»Da bist du«, sagte Arthur und verstand es meisterhaft, seine Überraschung zu kaschieren, »komm schnell herein.«

»Arthur«, sagte sie, »ich will keine Fernbeziehung. Kündige deine Wohnung und zieh ganz bei mir ein. Wir finden schon ein Eckchen, wo du arbeiten kannst. Ich will keine Fernbeziehung.« Sie schrie es gerade noch nicht.

Was ist Arthur doch für ein Juwel, dachte sie, als sie ein paar Stunden später wieder nach Hause ging. Er hatte ihr geduldig und sehr überzeugend erklärt, daß er seine Wohnung ganz gut behalten könne, ohne daß sie eine Fernbeziehung hätten.

»Selbst wenn wir eine hätten«, sagte er, »dann haben wir beide doch viel zu viel Taktgefühl, um sie so zu nennen.«

»Notfalls...« sagte er, während er ihr den Rücken streichelte.

»Notfalls was?« fragte Agnes.

»Notfalls heiraten wir.«

Agnes sagte, das sei nun auch wieder nicht nötig, aber es sei lieb, daß er es angeboten habe. Daraufhin hatte Arthur sie verführt, und während es geschah, flüsterte er immer wieder: »Nur keine Panik.«

Es blieb alles beim Alten, aber Agnes hatte das angenehme Gefühl, daß sie wenigstens wieder eine Woche weitermachen konnte.

Es ging.

Agnes gewöhnte sich langsam an die Situation. Arthurs Anwesenheit in der Wohnung wurde allmählich weniger lästig. Die Augenblicke, in denen sie dachte, was will dieser Kerl hier? wurden immer seltener. Auch Daniel hatte Arthur akzeptiert, und ab und zu tauschten die beiden interessiert ihre Ansichten aus, ohne daß Agnes noch länger die Moderatorin spielen mußte. Arthur holte Daniel sogar ziemlich oft von der Schule ab und unternahm allerlei mit ihm. Agnes genoß das Alleinsein. Die beiden kamen manchmal erst gegen acht Uhr zurück und hatten dann schon gegessen. Was sie genau trieben, wußte Agnes nicht. Als sie Daniel einmal, auf der Bettkante sitzend, danach fragte, sagte er: »Das würdest du wohl gerne wissen, was?« Agnes fand, es sprach sehr für Arthur, daß er Daniel soweit gebracht hatte, in aller Harmlosigkeit gegen seine Mutter zu konspirieren.

Agnes war schon fast drei Wochen nicht mehr in der Kneipe gewesen. Sie tranken zuhause, und im allgemeinen nicht einmal so viel. Abends saßen sie wie ein Ehepaar vor dem Fernseher. Agnes ertappte sich dabei, daß sie manchmal schon morgens in der Zeitschrift nachschaute, was abends wohl käme.

Es ist alles ganz wie echt, dachte Agnes ab und zu. Wie lange das wohl anhielt?

Die Tage verliefen ohne Spannung. Das fand Agnes sehr beruhigend. Arthur hatte sich aus einem feurigen Liebhaber in einen freundlichen ruhigen Hausgenossen verwandelt. Manchmal vergaßen sie einfach tagelang, miteinander zu schlafen. Nur wenn sie gelegentlich zuhause miteinander durchfeierten, kam die alte Leidenschaft wieder zum Vorschein. Agnes sagte dann gräßliche Dinge wie: »Oh Gott, Arthur, ich habe dich so lieb!«, und einmal hatte die Leidenschaft sie so gepackt, daß sie gestammelt hatte: »Nimm mich, Arthur, bitte nimm mich!« Am andern Morgen, als sie sich daran erinnerte, hatte sie sich dafür so tief geschämt, daß sie Arthur angefleht hatte, diese Worte als nie gesprochen zu betrachten.

»Herr Präsident«, fragte sie, »wollen Sie dies bitte aus dem Protokoll streichen?«

Arthur hatte es versprochen. Und auch, daß er sie niemals daran erinnern würde. Dieses Versprechen hielt er zwar nicht, aber er hatte soviel Feinsinn, sie nur damit zu plagen, wenn sie ein Herz und eine Seele waren. Meist im Bett und nach ein paar Gläsern. Agnes fand es auch nicht weiter schlimm, denn meist stand sie – oder besser lag sie – da schon wieder im Begriff, beziehungsweise im Bett, etwas Gräßliches zu sagen, und Arthurs Frozzeleien hielten sie zurück.

Wenn Arthur arbeiten mußte, ging er zusammen mit Daniel um dreiviertel acht aus dem Haus. Er blieb meist nur zwei Nächte weg, und es kam auch vor, daß er tagelang nur tagsüber fortblieb.

An einem Montag sagte er: »Es läuft irgendwie nicht gut. Ich müßte mal eine Zeitlang hintereinander am Stück arbeiten.«

»Mach das doch, Arthur«, sagte Agnes, »bleib doch einfach ein paar Tage bei dir zuhause.«

»Findest du das denn nicht schlimm? Denkst du dann

nicht sofort wieder, daß wir eine Fernbeziehung haben?«

»Nein, nein«, sagte Agnes. »Das ist vorbei.«

»Gut«, sagte Arthur und verschwand.

Der Mittwoch drauf war ein schöner, sonniger Herbsttag, und Agnes beschloß, Kuchen zu kaufen, um bei Arthur Kaffee zu trinken.

Sie läutete. Die Kuchenschachtel mit beiden Händen vorgestreckt wartete sie ab.

»Ach nein, das ist die Post«, hörte sie Arthur rufen.

Dann öffnete er, barfuß und im Bademantel. Er erschrak sichtlich. An seiner linken Schulter entlang sah Agnes direkt in die Augen einer Frau, die auf dem Bettrand saß. Sie hatte nur ein T-Shirt an und eine rosa Unterhose. Es war ein klarer Fall von *in flagranti*.

»Jesus, Agnes«, murmelte Arthur.

»Nimm's mir nicht übel«, sagte Agnes förmlich. »Es ist meine Schuld. Ich hätte vorher anrufen müssen und sagen, daß ich komme. Hier... das ist für euch.«

Sie drückte ihm die Kuchenschachtel entschlossen in die Hand, drehte sich um und rannte die Außengalerie entlang. Viele Kilometer weiter fand sie sich in einem Café wieder.

»Was bist du doch für ein Trampel!« beschimpfte sie sich selbst.

»Ja... aber ich wollte ihn doch nur angenehm überraschen«, verteidigte sie sich.

»Sowas tut man nicht, Agnes. Davon kommt niemals was Gutes, von solchen angenehmen Überraschungen.«

Längere Zeit ging sie so mit sich ins Gericht.

Sie konnte nicht mit letzter Sicherheit sagen, mit wem sie schließlich mehr Mitleid hatte: mit sich oder dem armen Arthur.

Agnes konnte jetzt zweierlei machen. Einfach heimgehen und so tun, als wäre nichts passiert, oder sich in der Kneipe betrinken. Letzteres fand sie so ungefähr das Kindischste, was ein Mensch sich ausdenken konnte. So schrecklich banal. Man erwischte seinen Freund auf Abwegen und ließ sich dann voller Selbstmitleid volllaufen. Bah.

Nachdem sie dies festgestellt hatte, rief sie ihre Mutter an und fragte, ob *sie* Daniel von der Schule abholen und ihm eine Nacht lang Obdach geben könnte.

»Ja, ist gut, mein Schatz«, sagte ihre Mutter, »du gehst sicher aus?«

»Ja«, sagte Agnes, »ich muß eben mal kurz raus. Ich war die letzte Zeit so brav. Jetzt muß ich einfach Kneipenluft schnuppern.«

Sie versuchte möglichst sorglos zu lachen.

»Paß auf dich auf«, sagte ihre Mutter.

»Ja, Mama.«

Es war natürlich ekelhaft, in die Kneipe zu gehen, aber zu wissen, daß es ekelhaft war, machte es schon etwas weniger schlimm. Würde so früh am Tag allerdings schon jemand da sein?

Willem war da. Betrunken.

»Agness«, lispelte er, »ssetz ssdich schnell hin.«

Agnes hörte sich selber zu ihrer Verblüffung einen doppelten Whisky bestellen.

»Tüt tüt«, sagte Willem, »du machst keine halben Sachen.«

»Du klingst auf einmal so nüchtern«, sagte Agnes.

»Jesses«, erschrak Willem, »Daan! Bring mir schleunigst ein volles Glas.«

Mit Willem konnte man immer so gut reden. Sie verbrachten den ganzen Nachmittag damit, sich gegenseitig haarklein zu erklären, wie das Leben funktionierte. Mit Ausnahme von ein paar nebensächlichen Punkten kamen sie gegen fünf Uhr zu einem einstimmigen Endergebnis.

»So ist das nämlich, Agnes«, sagte Willem abschließend.

»Genau«, sagte Agnes, »die Presseerklärung kann jetzt raus.«

In diesem Augenblick füllte sich die Kneipe mit Bekannten und Freunden, die sie unverzüglich von ihren jüngst erworbenen Einsichten in Kenntnis setzten. Es wurde altmodisch gemütlich. Agnes hatte es bei einem einzigen doppelten Whisky belassen und war zum vertrauten Weißwein übergegangen, auch wenn sie dabei am Anfang ganz schön schlucken mußte.

Gegen acht Uhr gingen sie zu zwölft beim fiesen Italiener an der Ecke essen.

Unterwegs teilte Willem ihr mit, er habe sich vollständig nüchtern getrunken, und fragte, ob sie glaube, daß eine Flasche italienischen Weins vielleicht Abhilfe schaffen könnte. Agnes meinte, der Versuch sei die Mühe wert.

Beim Essen lehnte Willem sich an sie.

Beim Kaffee spürte sie seine Hand auf ihrem Oberschenkel.

»Ich hätte einen Vorschlag«, murmelte er irgendwo an ihrer Schulter.

Gut, dachte Agnes, dann gehe ich auch mal fremd. Selten blöd, aber es ist so.

»Laß hören«, sagte sie.

»Bei mir zuhause«, sagte Willem mit gedämpfter Stimme, »steht eine Flasche. Da ist noch ein ansehnlicher Rest Calvados drin. Wenn wir nun, du und ich...«

»Ja, Willem. Sehr gut.«

Sie saßen in seinem Wohnzimmer auf einem schmalen Divan. Willem hatte zwei kleine Gläser sorgfältig mit Calvados vollgeschenkt und die Flasche dann in Reichweite auf dem Tisch plaziert.

»Gnädige Frau«, sagte er, »ich begehre Sie.«

»Ich bin sehr geschmeichelt«, sagte Agnes, »seit wann trinkst du eigentlich schon?«

»Ach, ich bin schon tagelang am Wursteln«, sagte Willem seufzend.

»Das rieche ich«, sagte Agnes, »wahrscheinlich bist du die ganze Zeit nicht aus den Kleidern gekommen?«

»Oh Gott, ist es so schlimm? Muß ich unter die Dusche?«

»Ach, woher... es ist ein würziger, typisch männlicher Duft.«

»Oh, nein!« rief Willem, »ich bin gleich wieder da.«

Agnes trank bedächtig ihren Calvados, während sie Willem unter der Dusche prusten und plätschern hörte.

»Wenn er bloß nicht anfängt zu singen«, dachte sie. Aber davon konnte keine Rede sein. Als er wiederkam, sah sie, daß er eine Bekleidung gewählt hatte, die auf schnelles Wiederausziehen berechnet war.

Er quetschte sich neben sie.

»Willem«, sagte sie, »dieser Divan ist so schmal. Wäre es nicht vernünftiger, nach oben zu gehen?«

Als sie hinter ihm die Treppen hochstieg, sah sie, daß sein Schädel schon wieder etwas kahler geworden war, verglichen mit letztem Mal.

»Was hab ich mir hier eingebrockt«, dachte sie, als sie neben Willem unter die Bettdecke glitt.

Er fing an, schmatzende kleine Küßchen auf ihrem Körper zu verteilen.

Sie streichelte ihm mechanisch den Hinterkopf und starrte an die Wand gegenüber.

»Komm schon«, sagte sie zu sich selbst, »Zähne zusammen.«

Geschlafen hatte Agnes nicht. Als es draußen dämmerte, stieg sie aus Willems Bett und zog sich an. Auf den großen antiken Spiegel schrieb sie mit ihrem Lippenstift: *Hallo, Willem. Paß auf dich auf. Alles Liebe, Agnes.*

Sie nahm die erste Straßenbahn.

»Sie riechen ja auch schon sehr gut, am frühen Morgen«, sagte ein Mann, der sich neben sie gesetzt hatte.

»Tut mir leid«, sagte Agnes »es wurde gestern ein bißchen spät.«

Der Mann nickte düster.

»Oder früh«, ergänzte Agnes, »wie Sie wollen.«

»Es gibt Leute, die arbeiten«, sagte der Mann, »und Leute, die sich amüsieren.«

»Genau so ist es«, sagte Agnes. Sie stand auf und stieg drei Haltestellen zu früh aus.

Richtig betrunken war sie nicht mehr, aber noch etwas unsicher auf den Beinen. Ein kräftiger Kopfschmerz meldete sich an. Zuhause würde sie ein schönes warmes Bad nehmen, nahm sie sich vor.

Aber das ging nicht. Aus ihrem kleinen Sitzbad quoll ein riesiger Strauß roter Rosen. Agnes zog sich einen Schemel heran und fing geduldig an, sie zu zählen. Sie kam auf hundertundeinundzwanzig. Als sie in ihr Schlafzimmer ging, wurde Arthur wach. Er richtete sich halb auf, stützte sich auf den Ellbogen und rieb sich die Augen.

»Wo warst du?« fragte er.

»Das geht dich nichts an«, sagte Agnes.

»Werde ich bestraft?« fragte Arthur.

»Ja, Fiesling, du wirst bestraft.«

Arthur nickte.

»Es hatte überhaupt nichts zu bedeuten«, sagte er.

»Für dich nicht, nein.«

»Aber es tut mir leid.«

»So, war sie nicht so toll?«

»Agnes!«

»Es macht nichts«, sagte Agnes, »es macht überhaupt nichts aus.«

Sie setzte sich auf den Bettrand.

»Nichts macht irgend etwas aus«, fügte sie hinzu.

Diese billige Dramatik tat ihr sofort wieder leid.

»Vielen Dank für die Rosen«, sagte sie. »Bedeutet jede Rose einmal fremdgehen?«

»Du überschätzt mich«, sagte Arthur.

Agnes zog sich aus und kroch ins Bett.

Arthur legte ihr die Hand auf den Rücken.

»Nein, Arthur«, sagte sie.

Zwei Männer innerhalb von vierundzwanzig Stunden, das war doch ein bißchen unappetitlich, fand sie.

Aber fünf Minuten später dachte sie: Ach was, Blödsinn.

Sie drehte sich zu ihm um und flüsterte ihm ins Ohr: »Drecksack.«

Als sie aufwachte, war es zwei Uhr nachmittags.

Arthur brachte ihr ein eiskaltes Pils.

»Danke schön«, sagte Agnes. »Du weißt immer genau, wie ich mich fühle.«

»Geht es wieder besser?«

Er setzte sich zu ihr.

»Wir fangen einfach wieder von vorne an.«

»Ja«, sagte Agnes, »weißt du, was mit uns los ist? Wir fangen jeden Tag von vorne an.«

»Das hält die Beziehung frisch, Agnes.«

»Kann ich schon ins Bad?« fragte Agnes.

»Ich kann keine Vasen finden«, antwortete Arthur. Aber mit Hilfe von zwei Eimern, einem alten Teekessel und einem im Flurschrank gefundenen Steinguttopf kamen sie schon ziemlich weit.

»Als ob wir eine Ladeneröffnung hätten«, sagte Arthur und betrachtete das Zimmer voller Rosen. Agnes ging ins Bad. Während sie im Wasser lag und weichte, versorgte Arthur sie mit frischem Bier.

Sie holten Daniel von der Schule ab und gingen mit

ihm in die Stadt. Sie aßen Hamburger und Pommes frites und gingen ins Kino.

Mitten im Film schlief Agnes ein, den Kopf auf Arthurs Schulter gelegt. Sie schnarchte, zum großen Vergnügen der anderen Kinobesucher. Daniel hatte sich erst für seine Mutter geschämt, aber als er merkte, wieviel Erfolg sie damit einheimste, beschloß er, es ebenfalls komisch zu finden. Der Film bot übrigens ausreichend Anlaß für ein gesundes Schläfchen.

»Du hast nichts versäumt«, sagte Arthur, als er sie weckte.

»Was ist denn los?« flüsterte Agnes schläfrig, weil sie merkte, daß jeder amüsiert in ihre Richtung schaute, als sie den Saal verließen.

Daniel erklärte es ihr.

»Das ist ja reizend«, sagte Agnes, »anstatt mich zu wecken, macht ihr mich zur Kirmesattraktion. Warum habt ihr nicht auch noch den Hut herumgehen lassen?«

Arthur und Daniel grinsten.

»Elende Kerle«, sagte sie. Sie wußte, Daniel würde es als großes Kompliment auffassen.

»Ist noch Bier in der Wohnung?« fragte sie dann.

Es war noch Bier in der Wohnung.

Agnes stellte zufrieden fest, daß für sie als Hausfrau noch Hoffnung bestand. Sie war in Daniels Zimmer und sah, daß alles noch relativ geordnet aussah. Sie erinnerte sich lebhaft, wie sie vor ungefähr zwei, drei Jahren kniehoch durch Spielzeug, schmutzige Kleider und allerlei Unrat an sein Bett gewatet war, um es, genau wie jetzt, frisch zu beziehen. Gott, was für ein Müllhaufen war mein Leben damals, dachte sie.

Sie ließ sich auf Daniels Bett nieder und begann, halb verzückt und halb mit Grausen an diese Zeit zurückzudenken. Daan war eines Nachmittags in ihr kleines Appartement in Amsterdam-West heimgekommen und hatte als Überraschung einen Schnellkochtopf mitgebracht. Geduldig wie ein Lehrer hatte er ihr die Funktionsweise dieses Apparates erklärt, und während Agnes mit wachsendem Abscheu zuschaute, sah sie den Topf im Geiste wachsen und wachsen, bis er die ganze Küche ausfüllte, dann die Wohnung und zum Schluß ganz Amsterdam-West. Damals hatte sie den endgültigen und unwiderruflichen Entschluß gefaßt, wie ein geölter Blitz durchzugehen. Wunderbarerweise hatte sie schon eine Woche später durch die Vermittlung von Bekannten die Wohnung ergattern können, in der sie jetzt noch saß. Obwohl sie Daan unumwunden und deutlich erklärt hatte, daß sie ihn verließ, hatte er es vorgezogen, ihre Trennung als eine Trennung auf Zeit zu betrachten. Er hatte sich in den Kopf gesetzt, für Agnes sei dies nur eine Art Urlaub von der Ehe, und sie käme sicher baldestens ausgeruht und mit frischem Mut wieder zu ihm und dem Schnellkochtopf zurück.

Teilweise war es auch ihre Schuld gewesen. Sie fand es angenehm, daß er ihr beim Renovieren und Einrichten ihrer – in seinen Augen vorübergehenden – Wohnung half. Und sie war einverstanden, daß er abends mit ihr ins Bett ging, wobei sie immer wieder für sich selbst als Entschuldigung anführte, daß er das Recht auf eine ordentliche Verabschiedung hatte. Dies ist bestimmt das letzte Mal, schwor sie sich jedesmal und versuchte, sich durch sein Keuchen hindurch auf ihre Gedanken zu konzentrieren.

Der Liebesakt verkam zum Arbeitslohn, nach dem Weißen der Wände. Als sie mit ihrer Einrichtung fertig war, hatte sie die Sache endgültig beendet. Wütend darüber, daß sie zu schwach gewesen war, es schon früher zu tun. Daan hatte angefangen, in ihrem kleinen Appartement auf ihre Rückkehr zu warten. Er holte

Daniel regelmäßig von der Schule ab und richtete es so ein, daß Agnes den Jungen bei ihm zu Hause abholen kam. Dabei bot er ihr quasi unbefangen an, doch zum Essen zu bleiben, und zog dann ihren Besuch nach dem Essen durch Anbieten von immer neuem Kaffee und Kognak so in die Länge, bis er schließlich sagen konnte: »Es ist schon spät geworden, vor allem für Daniel, warum übernachtet ihr nicht einfach hier?«

Einmal war es ihm gelungen, sie so betrunken zu machen, daß sie nachgegeben hatte. Im Bett hatte er sie dann abwechselnd mit süßen Liebesbeteuerungen und bitteren Vorwürfen überhäuft. Und nach einer durchwachten Nacht mit nervtötenden Diskussionen hatte sie sich aus Mitleid neuerlich von Daan besteigen lassen, wirklich zum aller-, allerletzten Mal, wie sie sich selber versprach, als sie über seine Schulter auf den Kirchturm mit dem Zuckerhut in der Morgendämmerung starrte, durch die Stores hindurch, die sie noch zusammen auf dem Altstadtring gekauft hatten. Es waren verwirrende Zeiten gewesen. Natürlich hatte sie in den ersten Wochen danach Erleichterung verspürt, hatte die Einsamkeit einer falschen Ehe abgeschüttelt, bis sie merkte, daß sich sehr schnell eine neue Einsamkeit an diese Stelle schob. Normale Einsamkeit. Sie bekämpfte sie, indem sie mit aller Gewalt bewies, wie gut sie allein mit Daniel zurechtkam, und gab sich verzweifelte Mühe, eine perfekte Hausfrau und vollkommene Mutter zu sein.

Bis Arthur in ihr Leben trat.

Alles, was sie durch ihre reichlich frühe Ehe mit Daan versäumt hatte, holte sie jetzt gierig und besessen nach. Vor allem rettungslose Verliebtheit. Und die verblüffende Entdeckung, daß körperliche Liebe etwas anderes und schöneres sein konnte als pflichtbewußte Abendgymnastik. Sie bekam zum erstenmal einen Orgasmus, ohne selber nachhelfen zu müssen.

Aber Arthur kam und ging, wie es ihm paßte, und Agnes schlug die Zeit zwischen seinen Besuchen mit

Warten, Sehnsucht und immer regelmäßigerem Genuß von Weißwein tot. Damals bekam ihre Wohnung langsam den Charakter eines Schlachtfeldes. Stühle wurden nicht mehr zurechtgerückt, Tassen nicht mehr gespült, Kram nur noch zur Seite geschoben, wo er weniger störte. Und Agnes entwickelte ein ganz neues Gefühl, das die ganze Zeit schon in ihr geschlummert hatte: Schuldgefühl. Innerhalb eines Jahres brachte sie es darin zur ungeschlagenen Meisterin.

An all dies dachte Agnes, als sie am Rand von Daniels Bett in seinem relativ aufgeräumten Zimmer saß. Und daran, wieviel besser doch alles geworden war. Ein Grund zur Zufriedenheit.

Als Arthur an diesem Abend nicht zum Essen erschien (ohne abzutelefonieren, wie es bei Versammlungen heißt), hatte sie dieser Tatsache mit nahezu fröhlicher Gleichgültigkeit ins Auge geblickt. Ob ich doch langsam erwachsen werde? hatte sich Agnes überlegt, als sie nach dem Essen brav eine Tasse Kaffee für sich alleine machte.

Arthur blieb vier volle Tage weg.

Mit ungeahnter Willenskraft vermied Agnes alles, was sie sonst in dieser Situation getan hätte, zum Beispiel herumzusitzen und sinnlos zu warten, in die Kneipe zu gehen, sich zuhause zu betrinken oder, noch schlimmer, überall herumzutelefonieren, ob jemand Arthur vielleicht gesehen hatte.

Das Leben ging einfach weiter.

Sie ging mit Daniel bei ihren Eltern essen, und von dort direkt nachhause und ins Bett. Daß sie die halbe Nacht wachgelegen und schließlich um drei Uhr nachts doch noch eine Flasche Wein ausgetrunken hatte, zählte nicht. Wein als Schlafmittel war schließlich etwas ganz anderes.

Sie ging zur Vernissage von Willems Ausstellung und trank den ganzen Abend lang Apfelsaft.

Und sie sah viel fern, mit Daniel zusammen, dem sie erlaubt hatte, etwas länger aufzubleiben, weil es so gemütlich war. Zu ihrem unaussprechlichen Vergnügen fand ihr Sohn genau dieselben Leute zum Kotzen wie sie. Es war ein großer Genuß, gemeinsam mit ihm laut auf die Typen zu schimpfen, die sich vor den Kameras schamlos ihrer Heuchelei hingaben.

Eines Nachmittags war Arthur wieder da.

Er stand in ihrem Wohnzimmer und versuchte, gleichzeitig charmant und schuldbewußt auszusehen.

Die Menge an Sätzen, die Agnes innerhalb einer Sekunde verschluckte, war beträchtlich.

Es waren diese Sätze:

»Wo warst du?«

»Wo hast du dich solange herumgetrieben?«

(Ironisch:) »Na, sieht man dich auch mal wieder?«

(Noch ironischer:) »Schau an, wer kommt denn da?«

»Bist du endlich wieder da?«

(Wieder ironisch:) »War's schön?«

»Hättest du vielleicht die Güte, mir zu erklären, was das soll?«

»Sag mal, für wen hältst du dich eigentlich...? Läßt volle vier Tage nichts von dir hören?«

»Drecksack!« (Zwar kein ganzer Satz, zählte aber doch mit.)

Dies alles sagte Agnes nicht.

Stattdessen fragte sie leise:

»Bist du müde?«

»Ein bißchen«, sagte Arthur. Er war noch immer, oder schon, oder wieder ein bißchen betrunken.

Er rührte sich nicht. Er stand mitten im Zimmer, ein bißchen nachdenklich, wie jemand, der sich entscheiden muß, in welche Richtung er gleich gehen soll.

Agnes ging auf ihn zu und umarmte ihn. Nicht nur aus Freude, weil er wieder da war, sondern auch, um ein bißchen an ihm zu schnuppern. Er roch nach Tabak und Alkohol und nach dem säuerlichen Geruch von tagelanger Ungewaschenheit.

»Du nimmst ein Bad«, sagte Agnes.

Sie machte ihm ein Schaumbad und wusch ihm den Rücken und fühlte sich würdig und erwachsen.

Sie bezog das Bett frisch und half ihm hinein.

Als er seine Arme nach ihr ausstreckte, sagte sie: »Später. Erst schlafen.«

Und dann sagte sie es doch noch, wenn auch leise und mit mildem Klang: »Drecksack.«

Aber das war ihr einziger Fehler, vorläufig.

Arthur schlief innerhalb von fünf Minuten ein. Sie hörte ihn bis in die Küche schnarchen. Später schlich sie ins Schlafzimmer und schaute ihn lange an.

Was war sein Geheimnis?

Wie kam es, daß sie sich zu jeder Tages- und Nachtzeit wieder bis über beide Ohren in ihn verlieben konnte?

Sie ging in die Küche und preßte acht Apfelsinen aus, um besser nachdenken zu können.

Es war gut so, fand sie schließlich. Man mußte nicht alles voneinander wissen wollen. Menschen mußten kleine Geheimnisse voreinander haben. Gut, dann blieb Arthur eben ein paar Tage weg. Notfalls eine Woche. Oder einen Monat. Bis jetzt war er schließlich immer wieder zurückgekommen.

Also war nichts, aber dann auch gar nichts passiert. Und sie war zu Recht von sich selbst tief enttäuscht, als sie sich bei seinem Erwachen fragen hörte: »Wie hieß sie?«

Seine ehrliche Antwort war ihr verdienter Lohn.

»Jacqueline«, sagte Arthur, »warum?«

Nun blieb Agnes natürlich nichts anderes übrig, als weiterzufragen. Und das, nachdem sie keine halbe Stunde vorher noch beschlossen hatte, es sei viel angenehmer, bestimmte Dinge nicht zu wissen.

»Wer ist Jacqueline?« fragte Agnes.

»Einfach ...« sagte Arthur, »Jacqueline ... ja Gott, was soll ich über sie sagen? Sie ist blond, falls dich das interessiert.«

»Nein«, sagte Agnes.

»Ach, Agnes ...« sagte Arthur, »du weiß doch, wie solche Sachen passieren.«

»Nein«, sagte Agnes, »weiß ich nicht ... erzähl doch mal.«

Und sie setzte sich gut hin. Arthur war vor vier Tagen gerade auf dem Weg zu ihr, Agnes, gewesen, hatte aber noch kurz in eine Kneipe hineingeschaut (»Welche Kneipe?« fragte Agnes, denn jetzt wollte sie alle Einzelheiten wissen), bei Koepermans hatte er hereingeschaut und da einen alten Bekannten getroffen, der mit ein paar Freunden dort saß, und es war recht gemütlich geworden, und sie hatten ihn schließlich überredet, doch noch mitzugehen und mit ihnen einen Happen zu essen, wie es halt so geht, und er hatte sie, Agnes, noch anrufen wollen, aber dann war es in einem gewissen Moment schon zu spät, sie noch anzurufen, weil er annahm, daß sie zu diesem Zeitpunkt doch schon sauer auf ihn war, und nach dem Essen hatte jemand gesagt, er müsse noch auf eine Party in Halfweg gehen und hatte gefragt, warum sie eigentlich nicht alle mitkamen, wie es eben so geht, und sie waren in drei Autos nach Halfweg gefahren.

»Warst du da schon betrunken?« fragte Agnes.

»Ach ... betrunken ...« sagte Arthur, »vielleicht ein bißchen beschwipst, ja, das schon.«

Schön, die Party war dann doch nicht so toll gewesen, wie es anfangs ausgesehen hatte, es liefen dort ein paar sehr langweilige Typen herum, und Arthur hatte noch Streit bekommen mit der total falschen Sorte Maler, und nach ein paar Stunden waren sie, diesmal in vier Autos, weil sich die Gruppe inzwischen vergrößert hatte, nach Amsterdam zurückgefahren und hatten dort noch eine ganze Anzahl Kneipen besucht und waren schließlich im *Fohlen* gelandet, früh am Morgen, wie es halt so geht, und hatten dort kräftig weitergebechert, und danach waren sie alle miteinander am Willemsparkweg frühstücken gegangen (»Was hast du gegessen?« fragte Agnes, und gerade durch diese, eigentlich wenig zur Sache beitragende Frage wurde Arthur ein bißchen kopfscheu und gab erst nach längerem Andringen zu, daß er Bacon und Eggs gegessen hatte, als wäre dies seine größte und abscheulichste Sünde gewesen), und alles in allem war es dann zu spät gewesen, um nach Hause und ins Bett zu gehen, und jemand wußte, daß nachmittags um halb vier irgendwo an der Prinsengracht eine Vernissage war, und in Erwartung dieses Ereignisses waren sie alle in der *Absteige* noch etwas trinken gegangen, und dort hatte er diese Jacqueline getroffen.

Arthur schwieg und zog ein Gesicht, als wolle er sagen: »Ende der Geschichte. Jetzt weißt du alles.«

Aber Agnes war unerbittlich.

»Weiter«, sagte sie, »das Schönste kommt erst noch.«

Nun gut, er hatte dort irgendwas mit dieser Jacqueline geredet, weiter nichts, nur einfach geredet, bei dieser Vernissage da.

»Ja, ich verstehe, daß du sie dort nicht sofort besprungen hast, in der überfüllten Galerie«, ermutigte ihn Agnes.

»Ach«, sagte Arthur, »du weißt doch, wie es so geht ...«

»Nein,« sagte Agnes, »aber ich will es gerne hören.«

Den Rest der Geschichte leierte Arthur ein bißchen herunter, als wäre es der uninteressanteste Teil. Er betonte wohl nachdrücklich, daß er ganz bestimmt nicht schon am selben Abend mit dieser Jacqueline im Bett gewesen war (und wertete dies als Großtat), nein, er hatte sich mit ihr für den Nachmittag des nächsten Tages verabredet und war nach der Vernissage mit ein paar Leuten in die Stadt gegangen, und sie hatten wieder die ganze Nacht durchgemacht, und erst am nächsten Abend war es mit dieser Jacqueline dann dazu gekommen, wobei er sich zu bemerken erlaubte, daß er zu diesem Zeitpunkt sehr, sehr betrunken gewesen war.

»Wo?« fragte Agnes.

Bei ihr zuhause in der Van Breestraat.

»Wie sieht sie aus, die Van Breestraat?« fragte Agnes.

Darauf wußte Arthur so schnell keine Antwort.

Aber er sagte wohl, es sei eigentlich nicht besonders toll gewesen und es habe nichts, aber auch gar nichts zu bedeuten.

Agnes hatte es fertiggebracht, Arthur drei Tage lang streng und gemessen und sehr kühl zu behandeln, aber am dritten Tag hatten sie sich versöhnt, nachmittags, als die Wintersonne plötzlich so fröhlich zum Fenster hereinschien.

Wie es halt so geht.

Daan rief an und fragte Agnes ein bißchen feierlich, ob er sie baldmöglichst sprechen könne.

Baldmöglichst.

Einer der typischen Daan-Ausdrücke.

Falls Agnes je Zweifel gekommen waren, ob sie gut daran getan hatte, Daan zu verlassen – sobald sie diese geschwollene Konferenzsprache hörte, wußte sie sofort wieder, daß es eine sehr gute Entscheidung gewesen war.

»Ach, und worum geht's denn?« fragte sie.

Um sich auch mal einen Spaß zu erlauben, imitierte sie die Ausdrucksweise von Didi Hallervorden.

»Um Daniel«, sagte Daan streng.

»Wieso, was ist mit Daniel?«

»Nichts ist mit Daniel. Ich hätte nur gerne gesehen, daß die Beziehung zu meinem Sohn (oh, Gott, was für eine gräßliche Ausdrucksweise, dachte Agnes) etwas straffer geregelt würde.«

»Das müssen Sie näher erläutern«, sagte Agnes ebenfalls in Konferenzsprache.

»Ich dachte dabei an etwas wie ... äh ... das gemeinschaftliche Sorgerecht.«

»Das was?« fragte Agnes verblüfft.

»Na ja, das kann ich so am Telefon nicht näher erklären. Wann können wir uns sprechen, Agnes?«

Sie verabredeten sich für den nächsten Tag. Daan hätte das Treffen gern bei sich zuhause stattfinden lassen, aber Agnes bestand darauf, sich auf dem neutralen Boden einer Kneipe zu begegnen.

Als sie am andern Morgen das Lokal betrat, sah sie, daß Daan nicht allein gekommen war. Neben ihm wuchs ein damenhaftes altes Mädchen aus dem Stuhl, blond, ziemlich mollig, mit marineblauem Faltenrock. Ihre etwas zu dicken Beine waren in hellblaue glänzende Strumpfhosen verpackt. Ihre Füße steckten in derben schwarzen Laufschuhen. Sie setzten sich, und nachdem Daan die Damen miteinander bekanntgemacht hatte, legte er los.

Er hatte ernste Absichten mit Wilhelmine. Er wies feierlich auf den Platz neben sich. Jedes andere Mädchen hätte vielleicht verlegen die Augen niedergeschlagen oder ein bißchen gelacht, aber diese Wilhelmine verzog keine Miene.

»Wollt ihr heiraten?« fragte Agnes.

Möglicherweise ja, darauf lief es wohl hinaus.

Weil bisher noch kein konkreter Anlaß für eine effektive Scheidung bestanden hatte, hatte Daan dieses Problem vorläufig »liegenlassen«, wie er sich ausdrückte, aber jetzt, wo er und Wilhelmine ernste Absichten hatten, wurde es plötzlich aktuell.

»Ich darf doch annehmen, daß du keine Einwände gegen eine Scheidung hast?« fragte er steif und schaute sie beinahe triumphierend an. Nur um die stahlblechene Wilhelmine neben Daan zu ärgern, hätte Agnes beinahe gesagt:

»Daan... alles ist vergeben und vergessen. Ich komme zu dir zurück!«

Sie hätte gerne gesehen, was diese Wilhelmine dann für ein Gesicht gemacht hätte.

Aber sie beherrschte sich natürlich.

»Nein, Daan«, sagte sie brav, »keine Einwände.«

Schön, dann war das geregelt. Nun war da noch das Problem mit Daniel. Daan lehnte sich zurück und erteilte Wilhelmine das Wort. Sie redete genauso, wie sie aussah, stellte Agnes befriedigt fest. Angesichts der Tatsache, begann Wilhelmine, daß Daan lange Zeit gezwungen war, den Schmerz, den Agnes ihm zugefügt hatte, zu verarbeiten, hatte er sich natürlich seiner Aufgabe als Vater nicht optimal widmen können und sich nur in zweiter Linie mit der Erziehung des Kindes befaßt. Das sollte von nun an ganz anders werden. Daan und sie hatten es ausführlich besprochen. Das Interesse des Kindes stand dabei natürlich im Vordergrund, das mußte Agnes richtig verstehen.

Agnes gab mit einem kleinen Kopfnicken zu verstehen, daß sie verstand.

Alte Jungfer, dachte sie dabei.

Daan und Wilhelmine hatten sich dann überlegt, wie gut es doch für den Jungen wäre, wenn er die eine Woche bei Agnes und die andere bei Daan und Wilhelmine wohnen würde.

Eine Art pädagogisches Wechselbad, übersetzte sich Agnes diese Ausführungen.

Es war sehr heilsam für so einen jungen Knaben, fuhr Wilhelmine denn auch fort, ab und zu mal in ein anderes Milieu zu kommen und nicht nur in Kreisen zu verkehren, wo der Akzent ausschließlich auf der kreativen Seite des Lebens lag, also in Kreisen von halben und ganzen Künstlern, nein, sondern daß er auch in Berührung kam mit einer ganz anderen Art von Menschen, Menschen die...

»Anständige Menschen«, begriff Agnes.

»Das ist deine Auslegung«, sagte Wilhelmine von oben herab, »das habe ich nicht gesagt.«

Es entstand eine Pause. Agnes hatte den Kopf gesenkt und betrachtete fasziniert Wilhelmines glänzende Knöchel.

»Das ist ziemlich einschneidend«, sagte sie schließlich, »bekomme ich Bedenkzeit?«

Die bekam sie.

»Selbstverständlich«, sagte Wilhelmine.

Ich muß augenblicklich hier raus, dachte Agnes, bevor ich anfange, mit Sachen zu werfen.

Sie verabschiedete sich eilig mit dem Versprechen, baldmöglichst etwas von sich hören zu lassen.

So kam es, daß die Passanten in der De-Lairesse-Straße eine Frau mit wehenden Haaren vorbeistürmen sahen. Sie fluchte wie ein Schauermann.

Es folgten aufregende Tage für Agnes. Sie versuchte alles mögliche, um Daan einmal alleine zu sprechen, aber immer wieder war Wilhelmine da, als seine Beraterin, Agentin und Pressesprecherin.

Sie schätzte, daß sie Daan alleine innerhalb von einer Stunde locker davon überzeugt hätte, daß es für Daniel gar nicht gut war, eine Woche bei ihr und die andere bei ihm zu wohnen. Sie hätte ihm mit einiger Mühe sogar klarmachen können, was für eine neumodische Verrücktheit das sogenannte gemeinschaftliche Sorgerecht war, aber diese Wilhelmine war aus anderem Holz geschnitzt. Die verbiß sich wie ein Dachshund in Sachen, die sie nichts angingen.

Eines schönen Morgens hatte sie unangemeldet vor Agnes' Tür gestanden.

»Guten Tag«, sagte sie triefend freundlich, »ich dachte mir ... wir sollten mal miteinander reden.«

»Komm herein«, sagte Agnes.

Agnes setzte sich so weit wie möglich von ihr weg.

Wilhelmine sah frisch aus.

Aber Agnes wußte genau: dies war nur Schein.

Ich wette, sie riecht nicht gut, dachte sie.

Muff.

Es konnte gar nicht anders sein.

Als sie dann hinter ihr vorbeiging, um den Kaffee aus der Küche zu holen, schnupperte sie ziemlich ungeniert. Wilhelmine stank nach Parfum.

Ha! dachte Agnes, das ist der Beweis. Sie sprüht sich von oben bis unten mit Parfum ein, um ihren Eigengeruch zu überdecken.

Und in Wirklichkeit riecht sie nach einem feuchten schimmeligen Keller.

»Ihr wohnt hier aber gemütlich«, hatte Wilhelmine den Angriff gestartet, »hat Daniel ein eigenes Zimmer?«

»Ja«, sagte Agnes, »möchtest du es sehen?«

Ja. Wilhelmine wollte, wahrhaftig.

Was ist denn das? dachte Agnes, das Bau- und Wohnungsamt?

Als sie wieder im Wohnzimmer waren, setzte Wilhelmine sich in Positur.

Also, hör mal, führte Wilhelmine aus, alles, was sie jetzt sagte, dürfte Agnes nicht etwa persönlich nehmen. Es ging um Daniel und seinen Vater. Sieh mal, Daan hatte sich endlich vorgenommen, seinem Leben eine Richtung zu geben, nicht nur sich selber zuliebe, sondern vor allem auch in Bezug auf seinen Sohn. Das Wort Sohn sprach sie genauso aus wie die niederländische Königin, hörte Agnes. Bis heute war Daniel ausschließlich von Agnes erzogen worden, fuhr Wilhelmine fort, und Daan hatte lediglich die Rolle eines Außenstehenden gespielt. Sehr begreiflich, ja, aber selbstverständlich konnte das nicht so bleiben, um so mehr, als Agnes selbst ja keine feste Beziehung hatte. Stabilität, das war es schließlich, was so ein junges Menschlein wie Daniel brauchte.

»Junges Menschlein?« fragte Agnes interessiert.

»Daniel«, sagte Wilhelmine und machte einen Augenblick verärgert die Augen zu.

»Aber Moment mal«, sagte Agnes, »nennst du das Stabilität, wenn der Junge eine Woche bei seiner Mutter und die andere bei seinem Vater wohnt? So ein Hin- und Herzigeunern nenne ich eine Nomadenexistenz. Nicht, daß Nomadisieren grade was Schlechtes wäre, aber Stabilität... Stabilität kann ich das beim besten Willen nicht nennen, nein.«

Aber Wilhelmine war nicht so leicht zu fangen. Woche, mußte Agnes verstehen, war nur eine Redensart oder ein Beispiel... es konnte ja auch vierzehn Tage hier und vierzehn Tage dort bedeuten, oder vielleicht sogar den einen Monat hier und den anderen bei Daan. Bei Daan und Wilhelmine natürlich.

»Natürlich«, sagte Agnes.

»Eine Familiensituation«, faßte Wilhelmine gespreizt zusammen.

»Und was ist es hier für eine Situation?« fragte Agnes.

Also schön und gut, machte Wilhelmine klar, Agnes wollte doch sicher nicht leugnen, daß sie viele wechselnde Kontakte hatte (Agnes schaute dabei unwillkürlich zur Steckdose bei der Stehlampe hinüber) und daß der Junge einen Mann brauchte, mit dem er sich identifizieren konnte.

»Aber er hat doch Daan?« fragte Agnes, »Daan hat doch nicht plötzlich aufgehört, sein Vater zu sein, nur weil wir uns getrennt haben?«

Nein, das hatte er natürlich nicht, aber alles war so lax geregelt. Natürlich wußte sie, daß Daan seinen Sohn wann immer er wollte sehen konnte, aber genau da drückte ihn ja der Schuh ... es gab keine festen Zeiten.

»Feste Zeiten«, sagte Agnes, »der arme Junge muß jeden Tag in die Schule. Mir scheint, das sind feste Zeiten!«

»Du willst mich offenbar nicht verstehen«, sagte Wilhelmine pikiert.

Agnes lehnte sich auf einmal todmüde zurück.

»Da könntest du zufällig recht haben«, sagte sie.

»Und? Was gedenkst du daran zu tun?« Wilhelmine schlug nun deutlich einen aggressiveren Ton an.

Agnes wollte es eigentlich verhindern, aber es war stärker als sie. Sie wurde zornig.

»Weißt du, was mit dir los ist?« rief sie. »Du riechst nicht gut. Alles Muff! Deine Ideen sind Muff, deine Gedanken sind Muff. Du stinkst!«

Fast unmittelbar kam sie wieder zur Einsicht.

»Es tut mir leid«, sagte sie. »Das stimmt so nicht.«

Würdevoll erhob sich Wilhelmine und ging zur Tür.

»Wir müssen noch mal weiterreden, wenn du dich etwas beruhigt hast«, sagte sie und verschwand.

Agnes überlegte kurz, ob sie ihr hinterherrennen sollte, um ihr einen Tritt in den Hintern zu versetzen, aber sie sah davon ab und brach lieber in Tränen aus, in herrliche, befreiende Tränen.

Agnes hatte sich vorsichtig bei Daniel erkundigt, ob Daan ihm jemals eine Wilhelmine vorgeführt hatte.

Ja, bekannte Daniel, er hatte die fragliche Dame bereits vier Mal treffen dürfen. Sie hatte ihn sogar einmal ganz alleine, also ohne seinen Vater, von der Schule abgeholt, um mit ihm zu schwatzen.

»Warum hast du mir das nicht erzählt?« fragte Agnes, »warum erzählst du mir überhaupt so wenig, mein Schatz?«

Daniel hatte mit den Achseln gezuckt.

Obwohl er es nicht so deutlich sagte, begriff Agnes, daß er die ganze Geschichte ein bißchen peinlich gefunden hatte. Darauf lief es hinaus.

»Wie ist diese Wilhelmine?« fragte Agnes möglichst neutral.

Als Antwort schaute Daniel Agnes an und ließ seine Zunge so weit wie möglich aus dem Mund hängen.

»Igitt?« fragte Agnes und gab sich keine Mühe mehr, ihr Lachen zu verbeißen.

»Pfui Spinne!« würgte Daniel.

»Vielleicht ist sie ja gut für Daan«, widersprach Agnes heuchlerisch.

Daniel zuckte wieder mit den Achseln.

Das geht mich nichts an, wollte er damit sagen.

Daan bediente nicht mehr in der Kneipe. Eine Woche später wurde er von Bea bei Dikker & Thijs gesichtet, wo er fünfzig Gramm geschnittenen Lachs anschaffte. Er trug einen Blazer mit viel zu großen glänzenden Knöpfen und die falsche Sorte graue Hose. Agnes wollte Blazer und Hose notfalls noch durchgehen lassen, aber diese *fünfzig Gramm*, die waren einfach obszön. Es war offensichtlich, daß Wilhelmine versuchte, aus Daan einen Yuppie zu machen. Ihr Vater stand an der Spitze eines Unternehmens, das sich auf Herstellung und Entwicklung (so hieß das in diesen Kreisen) von Werbegeschenken spezialisiert hatte, und es war Wilhelmine gelungen, ihren Vater so weit zu bringen, Daan in der Firma einzustellen, vorläufig in einer untergeordneten Stellung, aber mit der Zusage, daß der, der wirklich was erreichen will im Leben, auf die eine oder andere Art von selbst zur Spitze durchdringt.

Inzwischen hielt Agnes Daan und Wilhelmine, was den

schnöden Plan des sogenannten »gemeinschaftlichen Sorgerechts« anging, mit aller ihr zur Verfügung stehenden Energie hin. Sie wußte, daß die beiden für einen bestimmten Jargon empfänglich waren, deshalb sagte sie immer wieder, man müsse doch »die Vor- und Nachteile gegeneinander abwägen« und man wolle doch sicher »nichts übers Knie brechen«, und jedesmal, wenn sie den Hörer auflegte, stellte sie zu ihrer Erleichterung fest, daß sie schon wieder eine Woche Bedenkzeit herausgeschlagen hatte.

Arthur unterstützte sie nach Kräften.

»Es renkt sich von selbst wieder ein«, sagte er optimistisch, »wollen wir wetten?«

Es renkte sich wieder ein.

Eines Morgens, als Agnes spät aufgestanden war – Arthur hatte Daniel in der Früh aus dem Haus »geholfen«, wodurch sie endlich einmal ausschlafen konnte – klingelte es an der Tür.

Daan stand davor. Nicht in Blazer und verkehrter Hose, sondern in seiner normalen ungepflegten Kleidung. Er war unrasiert und vor Verzweiflung bleich.

»Komm schnell herein und setz dich«, sagte Agnes, ein bißchen erschrocken.

Er sackte auf dem Sofa zusammen und ließ den Kopf hängen.

»Wie schlimm ist es?« fragte sie.

»Es ist aus«, sagte Daan heiser.

»Erzähl!« sagte Agnes.

Daan erzählte. Er hatte sein Bestes getan, aber schon nach zwei Wochen war ihm klar geworden, daß ihm die richtige Einstellung, die er brauchte, um jemals im Betrieb seines künftigen Schwiegervaters etwas zu werden, einfach fehlte. Die Schwierigkeit lag darin, daß er die Herstellung und »Entwicklung« von so etwas Überflüssigem wie Werbegeschenken unmöglich ernst nehmen konnte. Geld verdienen, das hatte er sehr ernst genommen, und er hätte auch gerne »was erreicht im Leben«, aber die Art der Arbeit spielte in seinen Augen doch auch eine wichtige Rolle. Diese Gründe hätten an sich genügt, ihn zum Aufhören zu bewegen, aber sein Schwiegervater war ihm leider zuvorgekommen und hatte ihn an die Luft gesetzt, nachdem er ihn in seinem Büro unter vier Augen bis tief in die Seele gedemütigt hatte.

»Versager finde ich überall«, hatte der Mann ihn angeschnauzt.

An diesem Punkt der Geschichte konnte Daan nicht mehr weitererzählen und brach in Schluchzen aus.

Agnes wurde vor Mitleid ganz schwach. Sie nahm seinen Kopf in die Arme und wiegte ihn wie ein Kind. »O Gott«, murmelte sie, »o Gott... armer Daan...«

Der Rest seiner traurigen Geschichte kam stoßweise heraus. Wilhelmine hatte ihn beinahe augenblicklich fallen lassen und war stehenden Fußes mit ihren Strumpfhosen, Faltenröcken und Laufschuhen aus seiner Wohnung ausgezogen.

»Komm«, sagte Agnes, »ich mach dir eine Tasse Kaffee.«

Während sie in der Küche das Wasser aufgoß, hörte sie ihren Exgatten im Wohnzimmer nachschniefen.

Mitleid. Endlich wußte sie, aus welchem tieferen Grund sie ihn seinerzeit verlassen hatte. Aus Mitleid.

All ihre Freundinnen hatten Agnes immer wieder gesagt, daß sie ein Großteil ihrer Probleme einfach ihrer Nettigkeit verdankte. Sie war zu nett.

Auch jetzt wieder.

Sie war auch jetzt wieder zu nett gewesen.

Aufrichtiges Mitleid hatte dazu geführt, daß sie Daan tröstend in die Arme nahm. Nur ein paar Sekunden lang, eine Spontanreaktion, aber es hatte Daan auf die Idee gebracht, da wäre mehr zu holen. Er verstand ihre

Trostgebärde sofort als Zeichen ihrer wiederaufflammenden Liebe zu ihm.

Sie merkte es, als sie ihm den Kaffee brachte. Er trank die Tasse in drei hastigen Zügen aus und sprang sie an wie ein hungriges Tier. Es folgte ein peinliches Herumgewurstel auf Agnes' Sofa.

»Nicht doch, Daan.« Agnes glich sich in ihrer Sprechweise unbewußt einer Krankenschwester an.

»Komm, Agnes«, keuchte Daan, »oh, Agnes, Agnes, komm doch...«

Er hatte sich auf sie hinaufgearbeitet und fummelte an ihrem T-Shirt herum.

»Tu's bitte nicht, Daan«, wirkte Agnes beruhigend auf ihn ein, während sie versuchte, ihn sanft, aber bestimmt von sich herunterzuschieben.

Es nützte nicht viel, und Daan hatte plötzlich ihre rechte Brust zu packen bekommen.

»Hör augenblicklich auf damit!« schrie Agnes und schubste ihn unsanft von sich weg in die andere Sofaecke. Daan schlug die Hände vors Gesicht und fing wieder an zu schluchzen.

Auch das noch, dachte Agnes.

Prompt fing sie an, mit ihm zu weinen. Während die Tränen über ihre Wangen kullerten, merkte sie gleichzeitig, wie lächerlich die Situation war – sie beide in ihren jeweiligen Sofaecken, sich gegenseitig etwas vorheulend.

Zusammen weinen verbindet natürlich auch wieder, dachte sie grimmig und hörte deshalb damit auf.

»Möchtest du noch einen Kaffee?« fragte sie im Bestreben, einen ganz normalen Besuch daraus zu machen. Daan nickte. Er setzte sich aufrecht hin, zog ostentativ die Nase hoch und begann in seinen Taschen zu wühlen.

»Hier«, sagte Agnes und gab ihm eine Packung Paiertaschentücher.

»Die hab ich immer parat, hier wird ganz schön was weggeheult«, setzte sie noch hinzu.

Zum Glück mußte Daan darüber lachen.

Als er sich die Nase geputzt und Agnes ihm noch einen Kaffee gebracht hatte, wurde es fast gemütlich.

Fast so wie früher in ihrer Ehe, wo auch alles »fast« gewesen war.

Sie fragte ihn, was er jetzt zu tun gedächte, nachdem es mit Wilhelmine so schlecht ausgegangen war.

»Mein Gott, Daan«, sagte sie, »warum suchst du dir nicht mal jemand Nettes?«

Daan zuckte mit den Schultern.

»Fandest du Wilhelmine nicht nett?« fragte er.

»Nein, Daan«, sagte sie. »Wilhelmine war nicht nett. Energisch und zupackend und vielleicht auch anregend für dich, aber nicht nett. Und das weißt du selber ganz gut.«

Daan nickte.

»Einfach ein nettes Mädchen, das du wirklich liebhaben kannst, das nichts von dir verlangt und für das du keine Verrenkungen machen mußt.«

»Ich liebe dich«, sagte Daan und sah sie verzweifelt an. Er war dabei, zum dritten Mal loszuheulen.

O Gott, dachte Agnes. Warum ist er nicht mein kleiner Bruder.

»Ich bin nichts für dich, Daan«, sagte sie.

»Du bist...« murmelte Daan und betrachtete seine Schuhe.

Er zog den Kopf noch etwas tiefer zwischen die Schultern und sagte etwas Unverständliches.

»Was hast du gesagt?« fragte Agnes.

»Ich wünschte...«

»Was, Daan?«

»Du würdest mich nicht für so eine Null halten«, brachte er schließlich heraus. Es kostete Agnes eine volle halbe Stunde, um ihn davon zu überzeugen, daß sie ihn überhaupt nicht für eine Null hielt, daß es jedenfalls nicht *das* war und daß er vor allem nicht glauben sollte, daß es an ihm läge, es lag nämlich ausschließlich und allein an ihr, sie hatte einen gräßlichen Charakter, und sie würde ihn todsicher todunglücklich machen, wenn er sich noch länger mit ihr einließe, und daß sie ihn sehr, sehr gerne habe, aber eben nur als guten Freund, und daß sie damals, als sie ihn geheiratet hatte, einen großen Fehler gemacht hatte, und daß sie erst jetzt, wo sie getrennt waren, richtig gemerkt hätte, was für ein wertvoller Mensch er doch sei, und daß er eine bessere Frau verdient habe, als sie es jemals sein könnte, und die ganze Zeit über war ihr ziemlich mies von ihren eigenen Worten, und die ganze Zeit über dachte sie: Null... ach, du liebe Null... und mußte sich beherrschen, ihm nicht schon wieder tröstend übers Haar zu streichen, und als er schließlich von ihrem Gerede relativ gestärkt nach Hause ging, war Agnes der Erschöpfung nahe.

Zusammengesunken lag sie auf dem Sofa und dachte: Wer hätte das gedacht, daß Nettsein so ermüdend ist.

Daan war noch ein paarmal vorbeigekommen, immer mit dieser hitzigen Hoffnung in den Augen, aber als Arthur eines schönen Tages auch zuhause war und Daan, statt mit Agnes zu reden, mit ihm in ein Gespräch von sehr allgemeiner Natur geraten war – es fehlte nicht viel, und er hätte mit ihm auch noch das Wetter der letzten vierzehn Tage durchgenommen –, da hatte Daan eingesehen, daß er den Kampf ebensogut aufgeben konnte, und war weggeblieben.

Wie es mit ihm weiterging, bekam Agnes genau wie früher nur noch von Daniel zu hören. Es ging ihm nicht gut und nicht schlecht, genau wie früher.

Aber Daniel ging es gut. Anders als früher, wo er die Schule immer als letzter in einem Dunst von Einsamkeit verlassen hatte, sah Agnes ihn jetzt regelmäßig in lebhaftem Gespräch mit einem Klassenkameraden herauskommen, und es passierte immer öfter, daß er mit jemand anderem nach Hause ging und Agnes alleine heimschickte.

Auch Arthur kam immer öfter unverrichteter Dinge von der Schule zurück.

»Er wollte nicht mit«, sagte er dann, »er hatte was Besseres vor.«

Meist ging Daniel zu seiner Freundin Titia nach Hause, manchmal brachte er sie auch mit zu sich.

Er fing an, sein eigenes Leben zu führen. Agnes war mit allen Fasern ihres Herzens froh für Daniel. Aber sie vermißte ihn manchmal schon. Sie vermißte seine Abhängigkeit, seine Hilflosigkeit und seinen einsamen Verdruß.

»Manchmal kommt es mir so vor, als ob Daniel schon aus dem Haus wäre«, sagte Agnes eines Nachmittags zu Arthur.

»Wenn du mich fragst«, sagte Arthur, »dann ist er ohne unser Wissen schon längst wissenschaftlicher Mitarbeiter an diesem oder jenen Institut.«

»Würde mich nicht wundern«, sagte Agnes.

»Oder ein berühmter Pianist...«

»Oder hat den Nobelpreis schon gewonnen...«

»Oder er hat schon eine Menge Kinder...«

»Er ist wahrscheinlich schon ein paar Mal geschieden, Arthur, denkst du nicht?«

»Ganz bestimmt«, sagte Arthur.

»Arthur...« sagte Agnes, »das gefällt mir gar nicht. Es geht auf einmal so schnell.«

Sie schaute ihn ängstlich an.

»Arthur«, sagte sie, »ich will nicht älter werden. Alles soll so bleiben, wie es jetzt ist. Daniel soll mein lieber kleiner Daniel bleiben. Ich will keinen pubertierenden Jüngling mit Pickeln im Haus. Arthur... tu was!«

Sie holten Daniel von der Schule ab und machten zu dritt einen langen Spaziergang durch den Vondelpark.

Sie schauten sich die Bäume, die Teiche und vor allem die Leute an. Es war ein sonniger Nachmittag, nicht allzu kalt. Daniel hatte zuerst nicht viel gesagt, aber nach ein paar gezielten Fragen von Arthur hatte er losgelegt und schließlich eine Menge erzählt, über die Schule, die Lehrer, die Klassenkameraden, über Titia und die Eltern von Titia. Er erzählte, daß Titias Vater so komisch redete.

»Wieso komisch?« hatte Agnes gefragt.

Daniel hatte ihn dann imitiert, und das war so komisch, daß die Spaziergänger stillstanden und guckten, worüber sich die drei so amüsierten.

Sie hatten Daniel gefragt, was er mal werden wollte.

»Berühmt«, hatte Daniel geflüstert.

»Berühmt womit?« hatte Arthur gefragt.

Erst hatte Daniel herumgedruckst, aber dann stellte sich bald heraus, daß Daniel liebend gern ein ganz berühmter Schauspieler werden wollte.

»Das möchtest du gerne?« fragte Agnes.

Ja, das wollte Daniel gerne.

»Und warum denn?«

Agnes stellte diese Allerweltsfrage, worauf Daniel mit seiner lieben, unverdorbenen Kinderstimme sagte: »Weil es so schön ist, jemand ganz anderer zu sein.«

Und die ganze Zeit über hatte sie gewußt, daß er das sagen würde.

Später saßen sie im Blauen Teehaus.

Sie tranken Tee, weil es nun mal ein Teehaus war. Und Arthur und Daniel gingen noch kurz Kastanien sammeln.

Agnes sah die beiden gehen.

Ein kleiner und ein großer Mann.

Sie sah, wie Daniel Arthur eine Hand gab und wie Arthur sich zu dem Jungen herunterbeugte, um zu hören, was er sagte.

Agnes hoffte, dieser Nachmittag würde ihr Leben lang dauern.